JN044483

新・教職課程演習　　第19巻

中等数学科教育

筑波大学人間系教授　**儀田　正美**
広島大学大学院准教授　**影山　和也** 編著

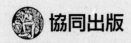
協同出版

刊行の趣旨

　教育は未来を創造する子どもたちを育む重要な営みである。それゆえ，いつの時代においても高い資質・能力を備えた教師を養成することが要請される。本『新・教職課程演習』全22巻は，こうした要請に応えることを目的として，主として教職課程受講者のために編集された演習シリーズである。

　本シリーズは，明治時代から我が国の教員養成の中核を担ってきた旧東京高等師範学校及び旧東京文理科大学の伝統を受け継ぐ筑波大学大学院人間総合科学研究科及び大学院教育研究科と，旧広島高等師範学校及び旧広島文理科大学の伝統を受け継ぐ広島大学大学院人間社会科学研究科（旧大学院教育学研究科）に所属する教員が連携して出版するものである。このような歴史と伝統を有し，教員養成に関する教育研究をリードする両大学の教員が連携協力して，我が国の教員養成の質向上を図るための教職課程の書籍を刊行するのは，歴史上初の試みである。

　本シリーズは，基礎的科目9巻，教科教育法12巻，教育実習・教職実践演習1巻の全22巻で構成されている。各巻の執筆に当たっては，学部の教職課程受講者のレポート作成や学期末試験の参考になる内容，そして教職大学院や教育系大学院の受験準備に役立つ内容，及び大学で受講する授業と学校現場での指導とのギャップを架橋する内容を目指すこととした。そのため，両大学の監修者2名と副監修者4名が，各巻の編者として各大学から原則として1名ずつ依頼し，編者が各巻のテーマに最も適任の方に執筆を依頼した。そして，各巻で具体的な質問項目（Q）を設定し，それに対する解答（A）を与えるという演習形式で執筆していただいた。いずれの巻のどのQ&Aもわかりやすく読み応えのあるものとなっている。本演習書のスタイルは，旧『講座教職課程演習』（協同出版）を踏襲するものである。

　本演習書の刊行は，顧問の野上智行先生（広島大学監事，元神戸大学長），アドバイザーの大髙泉先生（筑波大学名誉教授，常磐大学大学院人間科学研究科長）と高橋超先生（広島大学名誉教授，比治山学園理事），並びに副監修者の筑波大学人間系教授の浜田博文先生と井田仁康先生，広島大学名誉教授の深澤広明先生と広島大学大学院教授の棚橋健治先生のご理解とご支援による賜物である。また，協同出版株式会社の小貫輝雄社長には，この連携出版を強力に後押しし，辛抱強く見守っていただいた。厚くお礼申し上げたい。

　2021年4月

監修者　筑波大学人間系教授　清水　美憲

広島大学大学院教授　小山　正孝

序文

　本書は，我が国における中学校・高等学校数学科教師に求められる基本的知識や技能，生きて働く教養を示す目的で編纂された。その特質は，教職課程用の教科書として，さらには教員採用試験や大学院入試のための参考書として使いやすくするべく，Ｑ＆Ａ方式で編纂されている点にある。章によって問いにも様々の趣向があることに気づかれるであろうが，それは数学教育における不易と流行の現れとして読み取るとよいであろう。

　本書の内容は，教育課程の実現から数学科教師のキャリア形成・職能成長まで広く数学教育全般をカバーできるように構成されている。第1章中学校・高等学校の数学教育の目的・目標，第2章中学校・高等学校数学科の内容構成は，資質・能力ベースというような最新の教育課程並びに思潮動向を解説している。数学科の場合，安定し不易であると見なされがちであるかもしれないが，如何にして現代的動向を反映させようとしているかをみて欲しい。

　第3章中学校・高等学校数学科の指導法，第4章中学校・高等学校数学科の評価法は，教育課程の実現を志向しての指導法を解説しており，評価の一般論，思考と評価の一体化，最新のパフォーマンス評価まで数学科の立場で概説している。目的・目標，内容，方法，評価は数学教育に限らず教育全般にとっても基礎をなすものであるから，十分な理解を求めたい。

　第5章数学的な見方・考え方と態度，第6章数学科における教材研究，第7章中学校・高等学校数学科の学習上の困難点では，いかなる目的・目標で指導系統が構成されているかということ，および教材研究の視野と方法を解説している。そこでは，我が国で重視されている数学的活動を通しての学習指導を計画していく際に，大学で学ぶ数学が，中学校・高等学校の数学科教師にとってどのように基礎的であるかがわかるように配慮している。紙面の都合上，すべての領域を網羅しているわけではないが，これらは数学科教師としての専門性を高めるための見方・考え方，考察の方法でもあるとして読み解く

ことを期待する。

　最後の第8章数学科教師の職能成長では，夢を抱き未知に挑む新米教師が，教育経験を重ねながらベテラン教師として指導的役割を担うまでの自身のキャリア形成を見通すことができるようにした。数学教育における数学科教師の役割・影響は言うまでもなく大きい。その反面，数学科教師が専門家として備えておくべき知識や技能等はしばしば暗黙なままであるから，それらをここに明示することとした。教育経験の積み重ねによってこれらの知識や技能等は必ずしも自然に身につくわけではないが，数学科教師はどのように専門的であるかを読み取り，自身のこれから想定される成長の軌跡の道標として欲しい。

　執筆者はそれぞれ国内外で活躍中の数学教育研究者および実践者であり，Q＆Aをひとまとまりとして分担して頂いた。それぞれの内容は，国内外の最新学術研究の知見や考え方を踏まえながらも，個別学説の詳細を解説することよりむしろ今後の数学教育研究への問題関心を抱くことに重点を置いている。それゆえ，現職教師にも数学教育研究の前提を知る入門書として役立つことだろう。読者が，本書を手掛かりに，数学科教師として歩み，数学教育研究を深めていかれることを期待したい。

　　　2021年9月

　　　　　　　　　　　　　　　　　　　編者　礒田正美・影山和也

目次

第4章　中学校・高等学校数学科の評価法

第1章

中学校・高等学校の数学科の目的・目標

Q1　数学教育の目的を述べなさい

数学がいかに教育において根源的な教育主題となりえるのか，その歴史的問いを今日的に問い直す形式で「数学教育の目的」を述べる。

1．歴史的問い「なぜ数学を修める必要があるのか」

古代メソポタミアの教室では，すでに数学は教育内容だった。そして上述の問いはプラトンが創設したアカデメイア以来問われてきた。アカデメイアでは，数学はギリシャ語で発見的・合理的・論理的・体系的にイデアに至る思考法を伴う諸学を指し，学徒が必須教養として備えるべき初歩的学科であった。その論理には「もしあなたの言っていることが正しいとすれば，あなたの信じてきたことが否定されませんか」という弁証法的対話法（ソクラテスの助産術）も含まれる。それは「結論を真と仮定すれば，命題の仮定ないし推論の前提に矛盾する」という背理法として，ユークリッド「原論」に取り込まれた。当時，作図題が数学の問題の象徴だった。「結論を仮に真と仮設する」ことによる補助線の発見法や証明法を特定する発見法は「解析」と呼ばれ，ユークリッド「デドメナ」，思考実験法としてはアルキメデス「方法」を経てパッポス「数学集成」で仮定から演繹する「総合」と対置された。

数学をイデアに至る思考の鍛錬法とみなしたのは，数学では真と予想した言明が命題として証明された瞬間に，あたかもそこ（体系）に存在したかの如き体験をすること，それをギリシャ語で厳密に表せたことによる。それは発明というより発見（dis-cover：カバーを外す）であった。ギリシャ語で修められた地中海世界の学術は，キリストに抗う神々を信仰する者の知性とみなされ焚書化し，キリスト教に融和的とみなされた一部内容が継承された。

中世自由学芸7科は，ラテン語3科文法・修辞学・論理学（弁証法）と数学4科算術・幾何学・天文学（天球面上の幾何学）・音楽（音律：線分比例論）からなる。後に数理論理学も数学となった。数学は当初から学問の王様であった。

　西欧にアラビア経由のギリシャ数学が移入する契機は十字軍である。ローマ数字と算盤術はアラビア数字による筆算術へと商業上の必要から漸次代替された。ルネサンス期には，アラビア語からラテン語訳されたギリシャ数学（幾何的表現）と，未知数を解答するアラビア数字による代数学（図及び言語的表現）が併存した。文字式表現が整備され，デカルトは未知数（結論）を仮定する解析を発見法の範とし，代数表現を基盤に諸学を統合する普遍（統合）数学を構想した。イデアに至る方法は「神は存在する」とする結論を前提とするトートロジーを伴う信仰心に代替され，ケプラーやガリレオは神の創り賜いし自然の摂理を著す言語として数学を採用し，思考実験とデータを基盤とする科学を導いた。極限を仮定する解析を代数表現で実現したライプニッツは，やはり普遍数学を神の設計による予定調和とともに提唱した。自然数は神が作り賜うたとするカントの言葉も，後の時代には自然数さえペアノ-デデキントの公理から構成されて否定された。数学は，仮設さえ共有すれば，人が理解しあえる諸科学における世界共通語の地位を得た。

　東洋数学史を紐解くと「いかなる数学内容まで学ぶ必要があるのか」，その回答の一端を知ることもできる。実際，科挙の教科書『九章算術（後漢）』や寺子屋教科書『塵劫記』を開けば，その内容は算術表現によりながらも，扱う問題は小学校から高校初年級までに取り上げる話題に通じていた。

2.「なぜ数学を教えるのか」を記す４つの視野

　以上の歴史的視野の一端は何世紀も前の話題である。明治以降，学制に準じ教科数学が定められ，時代の要請に準じその目標・内容も繰り返し見直されてきた。ここでは，第４次産業革命が進展する現在，数学こそ学術の中核をなす数理資本主義とも呼ばれる時代の要請に立ち，その目的を述べる。

　中島健三（1981）等を参照すれば，「なぜ数学を教えるか」にかかる回答は，実用に資する「実質陶冶」，思考法を涵養する「形式陶冶」，他者と共感する「文化教養」という未来を担う生徒に必要な資質・能力に加え，今を生きる喜びを伴う「数学的活動」という４項目で整理しえる。

　実用に資する「実質陶冶」とは，社会生活，諸科学で必須の資質・能力を指す。

今日では，プログラミングに際して仕事を分節化し別のアルゴリズムに代替し作業を効率化するコンピュータ思考や数理科学的・統計的意思決定などデータサイエンスの基盤となる数学内容が一層求められる。思考法を涵養する「形式陶冶」は，問題を解決し矛盾を認知し克服する思考力が注視され，数学的モデリングやベイズ理論等の推論が生む仮設的かつ合理的未来予測，そしてパターンがもつ美しさや簡潔・明瞭・単純など社会で生きる数学的価値に基づく思考力が希求される。映画「真夏の方程式」を他者に共感する「文化教養」とみれば，その内容からタイトル主題の挑戦性と解決の重さを方程式とその解法に重ねて理解する。数学は登場人物の心情まで他者と共感する文化的基盤としての役割も担う。それは誰もが同じ解答を得る再現可能な教養を超え，AIを活用しながらも人として他者と目標を共有し，数学教養を生かしよりよい社会を選択判断し，協同して築く人間性をも含意する。数学で，よりよく生きることに喜びを味わう「数学的活動」は，指導系統上課せられる既知を再構成することのよさを互いに感得し，発展を予想する活動を伴う。それは第4次産業革命後の社会を見抜き築く人間的資質を生む。

　令和3年，4年より実施される教育課程基準は，第4次産業革命，Sociery5.0，SDGs等の語で表される新時代を担う資質・能力を「学びに向かう力，人間性等の涵養」，「思考力・判断力・表現力等の育成」，「生きて働く知識・技能の習得」の三本柱により定めた。学校毎の数学科教育課程は，この目標三本柱の実現を目指し，特に高等学校では理数探究を含めた科目毎に計画される。

　生徒は，日々の学習指導で「なぜ数学を学ぶのか」を問い，学習の継続・放棄まで判断する。目標三本柱を実現しようとする日々の学習指導に数学教育の目的4視野をいかに埋め込むのか？　生徒の既習・実態を前提に，生徒の心まで育て鍛えんと提示する問題系列としての教材研究を熱心に具体化する前提において，教師は「なぜ数学を教えるのか」に答えていると言える。

参考文献

礒田正美・Maria Bussi編（2009）『曲線の事典 ── 性質・歴史・作図法』共立出版.
中島健三（1981）『算数・数学教育と数学的な考え方』金子書房.
マリオ・リヴィオ（千葉敏生訳）（2011）『神は数学者か？ ── 万能な数学者について』早川書房.　　　　　　　　　　　　　　　　　（礒田正美）

Q2 数学教育における資質・能力ベースの教育課程について述べなさい

1. 資質・能力とは何か：OECD のコンピテンシーとその後

　21世紀型カリキュラムを希求する教育課程は，前世紀末から今世紀初頭にかけ21世紀型スキルなど様々な用語で議論されてきた。2021・2022年より完全実施される中学校・高等学校新課程は，資質・能力ベースの教育課程であり，その資質・能力は前項に記した目標三本柱に象徴される。それは教育基本法等に依拠する資質と能力を合わせた造語であるが，世界動向からみた場合，その原語としては経済開発機構OECD（2005）によるコンピテンシー「単なる知識・技能以上の技能や態度までを含む心理・社会的資源を，特定の文脈下，その複雑さに沿うように用いる能力」などが参照される。それは教科毎の学力を超え，生活や職業で生きて働く人間力であり，駆使すべき資源は社会的協同まで含み，「言語・テクノロジなどの道具を協同利用する」，「異集団内で協同する」，「自律的に行動する」3つの鍵で記される。

　承知すべきことは，OECDとは経済開発を希求する組織であり，この定義が経済的に「成功的な生活」と「よく機能する社会を構築する」必要から定義された点である。当時はイノベーションが叫ばれ，革新的ビジネスモデルが新経済基盤をなし，シャッター街が出現するなど既存モデルが後退した時代である。成功するとはそのイノベーションを生み，挑み・耐え・変身する生涯学習を通じての成功を示唆する。イノベーションは多数の経済的非成功者，貧困との表裏ゆえに，よく機能する社会の構築が希求される。

　加えてAI, Big Data, IoTに象徴される第4次産業革命時代に突入した。進行中の第4次産業革命は「大きな魚が小さな魚を捕食する時代は去り，革新の早い魚が遅い魚を捕食する時代」も含意する。前頁に記したように，それは数理資本主義とさえ呼ばれる数理科学に支えられる時代であり，その学術基盤は数学である。それを既存の数学教育の肯定とみるわけにはいかない。

グローバル・イノベーション・ランキング（竹中平蔵，2019）では，我が国は60か国中32位であった。それは「国際調和」「人間力」が最下位となったことに起因する。第4次産業革命であればこそ求められるのは人間力にかかる資質・能力であり，それはOECDの3鍵でもある。

　例えば東南アジアの私学では英語で数学を教える。欧米豪の一流大学に進学することがASEAN共同体内における栄達への道であり，それが私学の存在理由である。インドネシアの教育養成大学では母語数学科と英語数学科の定員が同等にある。グローバル人材要件の1つに英語で数学的に考えることを数える時代である。その近未来認識も，数理資本主義的数学像に立つ数学教育改革の前提である。

　直近のOECD教育2030（2018）では，学び方を獲得した生徒像をStudent Agencyと呼び，学び方の獲得を教育の根幹に据える。それは日本の教育の伝統ではあるが，AIへの教え方までを含むと考えれば，新視野である。

2．教育課程の記述様式とアカウンタビリティ（説明責任）

　教育課程の記述様式を表す用語にはスタンダード（基準）ベース（様式），アウトカム（達成）ベース，コンピテンシー（資質・能力）ベースがある。

　日本の場合，学習指導要領は基準であり，それは目標・内容を含意し，評価は学習指導要録で求められる。世界的には達成ベースの教育課程思想は豪州などから英国式学力国家試験GCSEが影響する国々等に流布した。その特質は教育課程関連文書に評価問題まで含む点にある。他方，それは評価問題を指導する風潮を生み，多くの国では成功しなかった。教育を税金の未来投資とみる社会ではアカウンタビリティ（説明責任）が問われる。教育課程を学校区や学校で定める米国では，地域で教育課程から評価基準，到達度まで説明責任が問われる。国際数学学力調査TIMSS，PISAの結果は各国の数学教育施策改定への説明根拠を提供してきた。日本でも全国学力学習状況調査等で認められた地域実態格差が，教育委員会を動かしている。

　コンピテンシーベースの教育課程は本稿執筆時点ではメキシコやインドネシアの教育課程などが典型である。インドネシアでは，先述のコンピテンシーの定義に準じ，生徒の生活を中核に，小学校低学年では算数科などの教

科名がなくなり，中学校・高等学校数学科では，日本の戦後のような単元による学習の如く，単元毎に文脈を定め探究を深める流れの中，数学の知識・技能が補完的に織り込まれる教科書を教育省は発行した（批判を受け，改定中）。OECDのコンピテンシーを基礎に，かような教育課程となった背景には，教育課程一般枠組み設計者が，教科固有の資質・能力の汎用性とその指導系統を想像できない現実がある。到達ベース，コンピテンシーベースの教育課程が理想通りに実現しない背後には，一般論として高次思考を謳いながら，高次思考とは，数学科の場合にはいったい何を指すのか，教育課程や教科書を適切に設計し難い現実を指摘できる（Q3参照）。

3．日本の資質・能力ベースの新課程

　日本の資質・能力ベース新課程の特質は，前述3種の記述様式が，評価問題例示を除き融合された点にある。その特質は，学習指導要領の内容記述に際して「数学的活動を通して身に着けることができるよう指導する」と説明責任を迫る形で，目標三本柱の中で，ア知識・技能，イ思考力・判断力・表現力を記載した点に現れる。「学びに向かう力，人間性」の記載項目がないことは，記載が明瞭でなければ説明責任が果たせないという判断があったと考えられる。法としての性格を備える学習指導要領は，全教科共通フォーマットである。OECDの3鍵に合致した人間力，学び方を獲得した生徒像は，数学科の内容学習において，「学びに向かう力，人間性」を涵養する「主体的で対話的な深い学び」として実現する必要がある。文脈に応じて駆使しえる資質・能力一般は，新課程では，学校ごとのカリキュラムマネジメントを強調する中，教科等横断型教科教育を求める形でも強調された。総合的な探究の時間，理数探究，情報科などで，実際に数学科で学ぶ知識・技能，思考法を活用する文脈は多い。そこでは，それら科目や時間までを数学教育の範疇，数学的な見方・考え方を鍛える場とみなす必要がある。2016年の教育課程部会原案では，科目名「理数探究」は「数理探究」だった。第4次産業革命を実現する基礎は数理情報科学である。数理資本主義を先導するSTEAM教育（教科横断）やSDGsも数学を基盤にしてこそ築き得る。　　（礒田正美）

Q3 数学的な見方・考え方と育成すべき資質・能力との関係を述べなさい

1. 教育課程史上の数学的な見方・考え方の歴史的展開

　課程では,「見方・考え方」を働かせた学習活動を通して, 目標に示す資質・能力（三本柱）の育成を各教科で目指す。文部省（現文部科学省）教育課程史上「見方・考え方」の目標視は, 数学科における数学的な見方・考え方として, 1956年告示高等学校学習指導要領数学科の目標「5. 数学的な物の見方, 考え方の意義を知るとともに, これらに基づいてものごとを的確に処理する能力と態度とを身につける」などが初出である。数学Iでは「代数的内容および幾何的内容を通して一般化すべき数学的な考え方を, 中心概念として例示する」とし, 中心概念の一例示に数の拡張があり形式不易の原理による指数の拡張が解説された（島田茂調査官時代）。それら例示は後に片桐重男により見方（アイディア）, 考え方（方法）, 態度など, 見方・考え方の分類理論化へと進み, やがて海外にも影響した（Dizon, Ahmad, Isoda, 2017）。

　1968年告示時の教育課程調査官中島健三（1981）は, 数学的な見方・考え方が目標視された背景を, 1947年学習指導要領算数科数学科編（試案）（和田義信調査官時代）に記された活動を数学的活動として明示する意図があったとしている。その活動とは, 算数・数学科限定で記された「教育の場は子供の環境であり, 教育のいとなみは, 子供の生活を指導するものである。その子供の生活とは, 環境に制約を受けながら, なお環境にはたらきかけて, 子供が日々にのびて新しいものとして生きていく過程である」を指す。その活動観はDewey,J.（1916）の認識論を反映するだけでなく, Freudenthal, H.（1973）による数学化「蓄積した（数学的）経験（思考対象）の数学的方法による再組織化」, Piaget, J.の発生的認識論を再整理したGlasersfeld, E. V.（1995）による本質的構成主義に通じる活動観へと整合的に展開していく（要参照, 平林一榮, 1987;中原忠男, 1995;根本博, 1999;礒田正美, 2015）。

　1968年告示の主査を務めた秋月康夫（1964）は算数科の場合で数学的な見方・考え方を目標「日常の事象を数理的にとらえ，筋道を立てて考え，統合的，発展的に考察し，処理する能力と態度を育てる」に求めた。それら目標記述は漸次改訂され，新課程解説書では「事象を数量や図形及びそれらの関係などに着目して捉え，論理的，統合的・発展的に考えること（中学校）」「事象を数量や図形及びそれらの関係などに着目して捉え，論理的，統合的・発展的，体系的に考えること（高等学校）」と踏襲された。見方・考え方の獲得に際しては，「よさ」の感得が求められることは1951年告示（和田義信調査官時代），1989年告示（清水静海調査官時代）に記された。

2．統合・発展原理と数学的な見方・考え方，目標の三本柱

　目標3柱を実現する数学的見方・考え方の育成は，数学科教育課程の系統が，数学発展文脈である統合・発展原理によって編成されることを前提にている。数の拡張は典型である。正負の数への数の拡張を例にする。

　小学校ではゼロから大きな数への右向き半直線しか存在せず，加法記号はあっても正符号はない。負符号の付かない赤字は大赤字とみるだけである：黒字も同様となる（小学校での発展）。符号付正負の数の導入によって，黒字・赤字の反対方向をプラス，マイナス符号で表し，黒字・赤字も一元的に利益とみなし数直線上で大小判断ができるようにする（統合，よさ）。符号のない数の大小にかかる見方がある。それが反対の方向量である場合に符号付数として数直線上で表す（新しい考え方）と，一元方向で大小判断ができるようになる（新しい見方）。赤字が大きい，黒字が大きい，どちらも数字としては大きい。それを同時に誇ればおかしい（矛盾！）。その矛盾を解消しようと二つの反対向き半直線を思考対象とし，一元的に統一する判断基準「利益」に改めれば，矛盾なく数直線上で大小判断ができる。「小学校では数の四則計算を学んだ。正負の数の四則計算はどうすればできるのか」と見通せば，どう計算すればよいのか，計算の仕方を想像してみたくもなる（類推）。「小学校ではひき算ができなかったのに中学校ではひき算ができるようになった」と友は言う。「え～，私は小学校でひき算できたわ。なんでそんなことを言う

の」と，思考対象を集合とした場合で演算が閉じているか否かが誘われる。「かっこ（＋3）書くのはめんどう，必要？　演算としてのたす・ひく（見方），符号としてのプラス・マイナス（見方），区別必要？　代数和（考え方）を学んだらすっきりした（よさ）。かっこもはずせるね。全部プラス，マイナスって読んでもいいでしょ（統合）」と文脈を語る生徒の育成が肝要となる。

　以上の過程で，「知識・技能」とは，「正負の数」の学習内容（存在，大小比較，四則演算）であり，その学習は発展し統合するという流れで進行し，統合以前に並列した見方は思考対象となる。思考の対象化は問いや見通し（類推）でなされる。「知識・技能」として「表現」され，新思考方法は統合後の新しい見方をなす。その過程で「思考力・判断力・表現力」，例えば既知の見方があり，既知表現と連関し新表現導入があり，新表現上の操作により考えればこそ大小「判断」もなしえる。ここで「学びに向かう力，人間性」とは，矛盾を解消しようとする際に発する問いや，見通し（予想）を実現せんとする態度であり，矛盾なく美しく単純化すべきとする数学的価値に依拠した意志である。指導過程が既習に準じ生徒の声が浮かび上がるよう設計されているか，どのように呼称を発明するか，その呼称内容のよさをいかに話題にするか。教師の力量が問われる。既に中学校検定教科書には，上述のような語りがフラッグや吹き出しで示されている。数学は結果として予定調和的に無矛盾に体系化される。数学科の学習過程では，その後生かせる既習と，後に不能となる既習が混在し，生徒は何が後々成り立つかを事前には知りえない（礒田，1996; David Tall〔礒田・岸本ほか訳〕，2016）。自ら考えればこそ，不能な既習を活かす生徒も現れ，それを使ってみることで生まれる矛盾を認め，自らの既習を思考対象に据え再構成する機会を得る。その指導過程で注視フラッグを立て，そのプロセスを随時振り返り言葉にする教師の支援によって，数学的な見方・考え方は顕在化する。顕在化したものに生徒にとって無理のない呼称を付け，そのよさを味わえるようにすることで，次に使ってみようとする価値観・態度を伴う数学的な見方・考え方の育成ができる。教師が数学的な考え方の呼称を知っておくべきことは当然だが，解説してもちんぷんかんぷんである。考えの相違やよさの語り合いが呼称を与える機会ともなる。　　　　　　　（礒田正美）

▌Q4　中学校数学科の目標を述べなさい

1．学習指導要領における数学科の目標

　中学校数学科の目標は学習指導要領のなかに示されている。学習指導要領が現在のような形でかかれるようになったのは1958（昭和33）年のことであり，それ以来，概ね10年に1度のペースで改訂されてきた。教科の目標が掲げられるためには，時代ならではの視座とともに，それまでの歴史的経緯ならびに将来に見込まれる情勢を踏まえた議論が重ねられる。例えば次のようなことである。

- 時代の情勢…少子高齢化，グローバル化の進展，技術革新など
- 社会からの要請…持続可能な社会の実現，統計的情報を扱うことの重要性など
- 学校教育の現状…環境の変化による複雑化，海外の動向など
- 子供の実態…数学的に活用する力に課題があること，数学に対する否定的な態度など
- 教科の特性…数学科では数量や図形によって見たり考えたりすることを育んできており，それはこれからも大切にしたいということなど

　これらすべてが数学科の目標設定に同じ程度で関わってくるわけではないが，幾分抽象的，一般的にみえる目標の記述（次ページ）も，これらの多様な観点からみたときの数学科としての果たすべき使命の宣言であることを知る必要がある。その際，これらの諸観点がどのようなジャンルでの言い回しになっているかに留意するとよい。例えば，予測が困難な時代という言い回しがある。これは地球環境や社会構造などあらゆる事態が急速に変化しているという現象に注目している。それに対して数学という武器を使えば，その現象を記述したり今後の変化をシミュレーションしたりすることができ，条件付きながらある程度の予測ができるのである。したがって，数学を学ぶことはわれわれの行動や意思の決定に大きく寄与しうるのであり，全ての国民

を念頭に構想する中学校数学科として，そのための知識や技能，思考力等の育成を目標として掲げることはごく自然であろう。

　平成29年3月改訂の学習指導要領は7度目の改訂にあたる。中学校数学科の目標は次の通りである。

数学的な見方・考え方を働かせ，数学的活動を通して，数学的に考える資質・能力を次のとおり育成することを目指す。
(1) 数量や図形などについての基礎的な概念や原理・法則などを理解するとともに，事象を数学化したり，数学的に解釈したり，数学的に表現・処理したりする技能を身に付けるようにする。
(2) 数学を活用して事象を論理的に考察する力，数量や図形などの性質を見いだし統合的・発展的に考察する力，数学的な表現を用いて事象を簡潔・明瞭・的確に表現する力を養う。
(3) 数学的活動の楽しさや数学のよさを実感して粘り強く考え，数学を生活や学習に生かそうとする態度，問題解決の過程を振り返って評価・改善しようとする態度を養う。

（文部科学省「中学校学習指導要領　第3節数学　第1　　目標」）

　「数学的な見方・考え方を働かせ〜」から始まる冒頭の文章とともに，資質・能力の三本柱からなっている：(1) 知識及び技能，(2) 思考力・判断力・表現力等，(3) 学びの向かう力，人間性など。次いでこの目標の実現のために適切な内容が設定・配列され，教育現場の実態に照らして指導の工夫や教材の開発，評価の規準や方法の検討がなされていく。現実的には「学習指導要領解説」や教科書を含むさまざまの文書，関係する集会や協議会などによってこの目標およびその意図が全国の教育現場及び関係者に浸透していく。

2．かかれた目標の性格

　教科の目標は，文書としてかかれた目標として公的性格を持ち，その読み方や意図は確定される。その詳細は「学習指導要領解説」にかかれてあるのだが，ここでは次の3点を扱おう。

　まず，冒頭にある「数学的な見方・考え方を働かせ」及び「数学的活動を通して」は目標のすべてに関わるということである。平成29年の改訂にお

いて数学的な見方・考え方（Q3参照）は，一定程度生徒は備えており，それ
を働かせることによって数学的に考える資質・能力を育成するとされた。こ
れは翻って，数学的な見方・考え方の洗練や深化にもつながるため，見方・考
え方と資質・能力とは互恵的関係にあることが想定されている。数学的活動
（Q13参照）も同様であり，平成10年の改訂時に初めて公的語として登場し
て以来，「数学は活動を通して学ぶもの」という数学観・数学指導観が少なく
とも目標として体現されてきた。

　次に，数学の特性が目標のなかに組み込まれていることである。例えば数
学は数量や図形に着目する学問・教科であることや，論理的に考えることは
変わらず重視されている。その上で，数学的知識や技能の成長において統合
的・発展的に考えることが欠かせないこと，連動して数学的に表現は簡潔・明
瞭・的確を規準とすること，そして問題を解き終わってからもその振り返り
をするなど，数学的活動はその局面を変えながら続くことである。ともすれ
ば数学とは問題を解くことに多くの時間が割かれると思われがちであるが，
その問題自体も自分たちで設定することが本来である。そのきっかけは自分
たちの活動を振り返って解決が進んだり滞ったりした要因を探ったり，解決
した問題や解決方法から新たな事柄を導いたりすることにある。

　最後に，数学に対する肯定的な情意や価値観の涵養を目指していることで
ある。これはPISAのような国際比較調査によって，日本の生徒たちは数学
を学ぶことに対して相対的に否定的だという実態が明るみに出たことが直接
の引き金である。数学を否定することは学校卒業後の長い人生において，学
び続けようという態度形成を阻害したり，数学的に表現することの利点が感
じられないままにさせたりするおそれがある。情意や価値観には人の行動や
判断を方向付ける力があり，日常や社会のなかで数学の果たす役割を知るこ
となどを通して，数学そのものに向き合う機会は少なくとも保障しなければ
ならない。

参考文献

文部科学省（2018）『中学校学習指導要領』東山書房.

（影山和也）

Q5 高等学校数学科の目標を述べなさい

1. 学習指導要領における高等学校数学科の目標

　中学校と高等学校は制度的にはいずれも中等教育として括られるが，前者が義務教育であって全ての子どもを対象とするのに対して（前期中等教育），後者は子ども個々のニーズに応じて予め設定された科目からの選択が可能になっている（後期中等教育）。したがって中学校数学科は自ずと全ての者のための数学を志向するが，高等学校数学科は高等学校への進学率が97％を超える日本の現状において（文部科学省サイト「高等学校教育」参照），必履修科目である「数学Ⅰ」が実質的にその役割を担う。

　数学Ⅰは平成30年3月改訂の学習指導要領での呼称であって，中学校数学科の4領域と対応させて内容が編成されている（Q8, 9参照）。数学科は数学Ⅰをコア（核）として周辺に他の科目を置いて構成されているのだが，それ以前に数学科全体の目標も設定されている。平成30年3月改訂の学習指導要領では次のようにかかれている。

数学的な見方・考え方を働かせ，数学的活動を通して，数学的に考える資質・能力を次のとおり育成することを目指す。
(1) 数学における基本的な概念や原理・法則を体系的に理解するとともに，事象を数学化したり，数学的に解釈したり，数学的に表現・処理したりする技能を身に付けるようにする。
(2) 数学を活用して事象を論理的に考察する力，事象の本質や他の事象との関係を認識し統合的・発展的に考察する力，数学的な表現を用いて事象を簡潔・明瞭・的確に表現する力を養う。
(3) 数学のよさを認識し積極的に数学を活用しようとする態度，粘り強く考え数学的論拠に基づいて判断しようとする態度，問題解決の過程を振り返って考察を深めたり，評価・改善したりしようとする態度や創造性の基礎を養う。

（文部科学省「高等学校学習指導要領　第4節数学　第1款　目標」）

　一見すると中学校数学科の目標と類似しているのだが，これは資質・能力

の三本柱を明示するという教育課程全体への対応と見ることができる。しかしながら，こと数学科の場合，明治期に教科として設定されて以来，基本的な知識や技能の理解ならびに習得と，数学に関わる思考力や表現力等を発達させることは重要な目標の両輪として校種を問わず重視されてきたのであり，今回の改訂によって改めて記述の仕方がそろえられたに過ぎないとみるほうが妥当であろう。

2．高等学校の性格とその目標

　以上のように，現代の高等学校には全ての者のための数学を志向しつつ，生徒の多様なニーズにも応えるという使命がある。しかしながら歴史的にみれば，戦前までの高等学校は大学のような高等教育のための準備教育であって，中学校と共に，入学時の選抜に耐えられた一部のエリート層を対象としていた。したがって，その目標や内容は必然的に高等教育以降を念頭に置いて作られ，そして期せずとも学力による子供の選抜機能をもたされていた（すなわち学問主義による教育）。

　戦後に入って国が豊かになり人口も増え，人々のニーズが多様化してくる中，国の成長を下支えするための教育の重視は中等教育の大衆化を引き起こすことになる。例えば戦後直後の高等学校等への進学率は42％ほどであったが，昭和49年度に初めて90％を超えた。このことによって，これまで表だって問われなかった問い，すなわち「数学を学ぶことは何の役に立つか」が突きつけられるようになる。これを実用主義による教育偏向とみるならば，我が国の場合，従前の学問主義とこの実用主義との奇妙な交配が続いてきた（平林，2004）。中等教育の大衆化に伴って求められたのは，目標や内容の安易な平易化ではなく，高等教育以降で扱われる学問やその一端を学ぶことは人間教育のどこに寄与しうるのか，社会に対して果たすべき役割は何か，どのように目標を掲げねばならないかという理念レベルの検討であった。

　考察の射程を古今東西に拡げるならば，中等教育における数学教育の改革や目標の見直しは至るところで宣言されていることに気がつくだろう。数学科に対して高等教育への準備という役割を認めつつ，情緒の涵養や将来社会

で活躍するための武器を得るといった目標が掲げられたのは、今から一世紀以上前の英国の工学者ペリーによる講演においてであった（ペリー・クライン、1972）。このときに各国の等しく抱えていた過度の学問主義という問題はいかなる形で取り組まれてきたか。

3．高等学校数学科の理念

生徒のニーズに対して高等学校では、学科の区分（普通科や専門学科）と学科に応じた教科の開設（数学科や理数科）および科目の設定、単位制の導入によって応える。いずれの科目の目標も、基本的には既に示した目標の文型にしたがって書かれる。これは数学科には校種をまたいだ目標レベルの一貫性があるためであるが、ここには校種に応じた程度の学問主義と実用主義、そして現代の視座である学際主義がある。

数学的知識や体系の構成過程を重視するという学問主義に加えて、数学に限らず日常や社会を事象の眼で見て、問題の発見と解決の成果をその事象のなかで問うという実用主義がある。この発見と解決活動では、持てる知識や技能の異なる他者との協働が前提とされており、必ずしも数学だけを絶対視せずに個々人及び集団の持つ能力を発揮することが期待されている。これが学際主義である。こうした動向は「理数探究」のような科目の設定に見られるように、教科を超えて今後加速していくことになる。

参考文献

文部科学省「高等学校教育」（https://www.mext.go.jp/a_menu/shotou/kaikaku/main8_a2.htm）（2020年8月18日閲覧）.

文部科学省（2019）『高等学校学習指導要領』東山書房.

平林一榮（2004）「高等学校数学教育理念の問題」長崎栄三ほか編著『授業研究に学ぶ高校新数学科の在り方』明治図書出版.

ペリー・クライン（丸山哲郎訳）（1972）『数学教育改革論　世界教育学選集70』明治図書出版.

（影山和也）

Q6　教科・教材としての数学の特質を述べなさい

1．教科としての数学の歴史

　数学者の取り組む数学を学問数学，学校教育で扱われる数学を学校数学と呼ぶならば，我が国の数学教育の歴史はこの学校数学成立の歴史と言い換えてもよい。例えば中学校での「教科」は明治14（1881）年の「中学校教則大綱」（当時は「学科」と呼ばれていた）のなかで初めて定められ，現在の数学科に関わる領域として算術・代数・幾何・三角法があった。これ以前から既に学校で数学は教えられていたが，そこでは幾何の専門書や海外から持ち込まれた中等及び高等教育用の教科書が使われていた。これらは数学者によって初学者向けにかかれたものであり，数学的に重要な概念や定理の伝達が主たる役割であった。それゆえ，現代の学校数学に期待されているような，全ての子供が学校を卒業した後にも生きて働くような能力等の育成は考えられていなかった。

　その後，教育が制度的に整備され，数学科としての目標が掲げられるとともに，昭和期に入って教育関係者によってかかれた教科書が登場するようになる。我が国でも何度となく数学教育関連の改革は進められてきたが，それは概して子どもの実態を勘案した教育課程の刷新ならびに指導方法の工夫と言える。こうして，当初は簡易な学問数学もしくはその一部として作られた我が国の学校数学は長い時間をかけて現代のような形になってきたのであり，必然的に両者は質的に異なるものになっている。たとえば，学校数学の数の拡張過程は，学問数学での数の発達の歴史とも公理的方法による構成の仕方とも異なっている。これは，学校数学では，初等教育段階で測定結果を数値で表そうとする測定のアプローチから始まり，中等教育段階に至って演算中心の代数的アプローチがとられるためである。しばしば学問数学は学校数学に対する親学問という言い方がなされるが，それは学校数学の構成に際してそのまま持ち込むのではなく，教育の事情を含むいくつもの制約（例えば，

学校教育への期待，教育的意義，教科の目標，子どもの実態，教科の系統，指導のための時間数など）のもとで作り替えられていることを意味している。こうして学問数学は教育材として，ようやく学校数学となってきたのである。

2．教育材としての数学の特質

それでは学校数学の特質は何か。ここでは数学的に考えることを中心として，次の諸点を挙げてみよう（影山，2020）。

まず，（1）自然発達には任せられない数学に関わる資質・能力の育成に適しているということである。本来的に数学での論理的思考は，学問の構築に関わる演繹的推論とともに（Q1参照），数学的発見の文脈で働かせる帰納的推論や類比的推論からなる（ポリア，1967）。数学に関わる問題の解決だけではなく，ある命題が正しいことを保障するための証明や，命題間を関係づけることによる知識体系の構築，既存の体系を見直して新規の体系へと発展させていく際に論理的思考を働かせる。確かに学問志向の論理的思考が翻って日常の問題解決にも活かされるかについては，人々の学習の状況性（レイヴ，1995）を鑑みると議論のあるところだが，少なくともこうした論理的思考は子ども個々の成長だけでは十分に期待されず，数学を学ぶことによって可能性が広がるだろう。

ところで，子どもは幼いうちから教えられずとも経験的に2つの量を比べることができるが，差で比べる場合と倍で比べる場合とを取り出してそれ自体を考察することも数学の役割である。前者がたし算とひき算に，後者がかけ算とわり算に関連づけられる。これらはやがて代数の領域において演算が主題となるときに，それぞれ加法・減法・乗法・除法と呼び替えられ，先の2つが加法として，次の2つが乗法として統合される。これ以降，数の体系を拡げて行く際に加法と乗法の演算可能性は重要な観点となる。このことは，それまでに自分の知っている事柄を発展させたり統合させたりすること，そうしてできる知識や技術の体系はまた別の場面で有用であるといった具合に，学問数学であろうと学校数学であろうと，知識が作られ体系化される過程を追体験することは，一見すると複雑な現象や事象に対して取り組む際に

有用な見方や考え方を働かせる手がかりを与える。

　その他にも，数学には一般化したり抽象化したりすること，また数学の持つモデルという性格，すなわち捉えにくい対象を扱うための道具という性格がある。数や式，表やグラフは事象を数量関係に着目して抽象化し記述したものである。このモデルを操作することによって，事象の起こりやすさを考えたり，実行するための計画を立てたり，未来の予測をしたりできる。以上のような資質・能力を働かせる場を数学は与える。

　次に，(2) 数理という文脈を与えることである。前節の最後の指摘はこの点に関わる。すなわち，数量関係に基づく数や式を使うことそのものが数理という文脈を形作る。日常や社会の文脈を捨象して数学の世界で考察するとしても，その数学の世界でこそ認められる活動がある。例えば，数や式には構成規則と操作規則があり，これらから逸脱することは数学の世界でのコミュニケーションを破綻させる。現実に引っ張られずに確定した解答が導かれることは，数学の世界にある様々の規則にしたがって活動することの恩恵であって，その解答を日常や社会のなかで解釈しようとする際，文脈が変わることにはまず留意するべきである。

　そして最後に，(3) 数学的に見たり考えたりすることによって，情意面の形成を促すことである。問題を解くことに伴う達成感とは，数学に対して前向きな感想の一つであるが，ここには「数学は分からないからこそ面白い」という逆説的な情意が働いている。わからない・できないことは多くの場合，否定的情意を引き起こすが，数学の場合は，それがかえって学びの動機になるのである。

参考文献

影山和也 (2020)「第3章第3節算数・数学科とはどのような教科か」日本教科教育学会編『教科とその本質 ── 各教科は何を目指し，どのように構成するか』教育出版，pp.92-97.

ジーン・レイヴ（無藤隆他訳）(1995)『日常生活の認知行動』新曜社.

G．ポリア（柴垣和三雄訳）(1963)『帰納と類比』丸善株式会社.

（影山和也）

第2章

中学校・高等学校数学科の内容構成

Q7 数学科の教育課程における内容構成の原理を述べなさい

1．数学科の内容構成原理の一般論

　数学科はしばしば系統的，体系的，構造的といわれる。数学教育の歴史をたどれば小学校算数科，中学校数学科，そして高等学校数学科のそれぞれに役割があることに気がつくのだが，校種による内容構成は別の問いに譲って（Q8，Q9），ここでは特に中学校および高等学校数学科を俯瞰的にみたときの内容構成の原理を扱う。なお，教育課程の一般論では，日常や社会における生徒の経験を重視する経験主義，教科の論理を重視する教科・学問主義，社会における有用性を重視する応用主義，既存の教科を統合的・合科的に扱うことなどが考えられるが（ハウスンら，1987），ここでは数学科の内容構成を扱うために，主として教科・学問主義に立って原理を検討しよう。

　教育課程である以上，教育目的の達成のために内容の選択と編成がなされる。その一般的原理は次の通りである（日本教科教育学会，1999；長崎編，2001）。

　（A）数学という学問の系統からみたときの妥当性

　（B）生徒の精神発達からみたときの習得の可能性

　（C）社会や生活での必要性

　（A）の具体的観点は，論理的であること，系統的であること，数学の発展の歴史（数学史），数学認識論などがある。たとえば，系統的であるとは，ある視点でみたとき知識や技能が互いに関連付けられていることであり，次の諸点を指すことが多い。

・ 前提と結論：ある内容を学ぶためには，どのような前提や条件が必要か

・ 方法と対象：ある内容を学ぶためには，どのような方法を用いるか

・ 特殊と一般：ある内容は，他のどのような内容を一般化したものか，あるいはその逆

- 具体と抽象：ある内容は，他のどのような内容を抽象化したものか，あるいはその逆
- 数学の発展：ある内容は，どのような必要性によって，どのような順で生まれてきたか

　(B) については，生徒による学習の適時性や可能性が考えられる。ある内容を様々な活動や表現で扱い，触れたとしても，生徒の認識の様子は多様であるから，数学科の目標が期待するようには学びが進むとは限らない。

　最後に (C) については，社会と数学とのつながりを常に意識することになる。微分・積分やベクトルは人格の形成に資するというよりもむしろ導入当時の社会における有用性のほうが強かっただろう。その後，従前の教育課程のなかで整備され，そしてそれぞれの内容に関わる見方や考え方に教育的価値を見出したものだろう。社会の要請が学校教育のなかに浸透してきた現代では，数学を応用することに直結する数学的モデル化が重視されるが，これなどは (C) の視点によるものである。

　学習指導要領告示によって数学科の教育課程は公的に示される。教育課程の性質を説明する視点には，焦点（どの内容を重点的に扱うか）・一貫性（どの基準にしたがって徐々に発展させていくか）・関連性（目標，内容，方法，評価，アクセスできるリソースやテクノロジー等々の間の関わり），範囲と順序（どの程度の内容をどの順序で扱うか）などがある。日本の場合は，たとえば小学校・中学校・高等学校を通じて「比例」を様々に学ばせるという意味で一貫性に優れた教育課程である。その一方，図形領域では，校種によってユークリッド空間やベクトルによるアプローチ，射影幾何，二次元と三次元の関係というように，ある単一の原理によって構成されているわけではない。このように，数学科では領域によってあるいは校種によって用いられる原則がかわるという現状がある。

2．数学科カリキュラム改革の方向

　数学科の教育課程が現在の形，すなわち数学の研究領域を基盤として内容を選択し，先に挙げた系統性などによって配置していく仕方は戦前からみる

ことができる。学習指導要領や教科書の項目名が象徴的なように，数学科では長い間，コンテンツベースで作られてきたといえる。その反面，「何ができるようになったか」という視点でみれば（すなわちコンピテンシーベース），その柱はそれほど明確であるとはいえない。

　たとえば先に挙げた数学的モデル化は，日常や社会，数学の事象を記述したり問題の解決をしたりするという点で，広い意味での問題解決に伴う活動である。この活動を軸にして教育課程を構想する場合，事象を数学的にみたりつなげたりする能力が要請される（例えば，社会における量・形についての感覚，社会の問題を数学的に解決する力，社会において数学でコミュニケーションする力，近似的に扱う力（長崎編，2001）。したがって，教科の系統よりもむしろ，教師と生徒による学びの経験の過程が主になるため，どのような素材でどのような問いに取り組ませるべきかを考えねばならない。

　また，教育課程にはそれが作られるときの時代背景が関わる。つまり内容に対する時代的要請だけではなく，その時代で使われているメディアやテクノロジーにも教育課程は左右されている。たとえば，従前の学習指導要領はある意味で紙と鉛筆による活動が想定された内容の選択と配列になっていたが，電卓や図形作図ツール，アプリケーションの統合環境は生徒の学習活動の幅を拡げるがために追求する問いの質もかわる。また，一人一台端末やコンピュータの能力発達によって，確率・統計領域における活動のなかにデータの収集と分析による傾向把握，シミュレーション，数理モデルの開発と修正が可能になった。以上のことから，どのような知識や技能を身に付けさせるかだけではなく，どのような問いに向かわせ経験をさせるかが検討課題となっている。

参考文献

日本数学教育学会編（1999）『算数・数学カリキュラムの改革へ』産業図書.

長崎栄三編（2001）『算数・数学と社会のつながり』明治図書出版.

ハウスン・カイテル・キルパトリック著（島田茂・澤田利夫訳）（1987）『算数・数学科のカリキュラム開発』共立出版.

（影山和也）

Q8　中学校数学科の内容構成を述べなさい

1．学習指導要領における数学科の内容

　中学校数学科は，確定した事象を扱う数学の世界に関する項目と，不確定な事象を数学的に把握する現実の世界に関する項目とから構成されている。前者には数や図形，関数があたり，後者には確率・統計があたる。以上をもとに平成29年告示の学習指導要領では「A数と式」「B図形」「C関数」「Dデータの活用」の4領域構成になっている（表2-8-1）。

表2-8-1 中学校数学科の領域構成

	A数と式	B図形	C関数	Dデータの活用
第1学年	正の数・負の数 文字を用いた式 一元一次方程式 （比例式）	平面図形 空間図形	比例，反比例	データの分析の傾向 統計的確率
第2学年	文字を用いた式の四則計算 連立二元一次方程式	基本的な平面図形と平行線の性質 図形の合同	一次関数	データの分布の比較 数学的確率
第3学年	平方根 式の展開と因数分解 二次方程式	図形の相似 円周角と中心角 三平方の定理	関数$y = ax^2$	標本調査

　さらに数学の研究領域による内容構成とあわせて，学習を支える項目として，文字を用いた式，数学的な推論や表現，数学的に説明し伝え合うことが設けられている。これらはA〜Dの中に適宜位置づけられている。

　基本的には従前の学習指導要領の構成と系統を踏襲する形になっているが，日常生活や社会において自立的・協働的に生きる基盤であること，義務教育以降の専門分野の学習の基盤であること，そして人格の形成に果たす数学の役割上，必須となる基盤であることの3点を反映させようとしている。このことから単に従前の踏襲というよりも「知識及び技能」，「思考力・判断

力・表現力等」,「学びに向かう力,人間性等」(いわゆる資質・能力の3本柱)に沿って構成されており,たとえば学年・校種を一貫させて学ぶことで質的な高まりを持たせたり,高等学校数学科における学習の準備段階という性格を持たせたりするというような配慮があることに留意したい。

また,4領域のいずれにも数学的活動が示されており,特に数量や図形については学習の対象として位置づけられている。それに対して,数学を活用すること,数学的活動の充実として関係に着目することも重視されている。このようにみれば,事象の確定・不確定によって各領域を特徴づけることもできるが,また同時に考察の内容や方法という特徴づけも可能であろう。この意味では,「C関数」はすべての領域に関わって関係づけてみる方法を与え,「A数と式」は見出した関係を記述する方法を与えるといえる。

2. 各内容の構成

以下では4領域のそれぞれを概観する。

「A数と式」は,小学校算数科までの数の概念を拡げること,数量やその関係を簡潔・明瞭・一般的に表す方法として式を扱う。

数の概念については,第1学年で正の数・負の数を,第3学年で平方根を学んで数の範囲を無理数まで拡張する。拡張にあたっては,計算の仕方や性質が保たれるように,既習の数と新しい数とが統合的に扱われる。平方根は二次方程式や三平方の定理の学習において不可欠であり,これが数の範囲を拡げる必要性となる。

式は小学校算数科以来,数の式や言葉の式,△や□を含む式,aやxを使った式というように繰り返し扱われている。中学校数学科ではさらに,文字を用いて数量やその関係を記述し考察する。方程式や関数の学習において文字の式は不可欠であるように,関係や法則を記述し考察することはあらゆる領域の基礎となる。

「B図形」では,形・大きさ・位置関係の観点で事象を捉え考察する。それとともに,論理的に考察し表現する能力の育成のためにこの領域は大きな役割を担っている。この度の改訂で用語「反例」が加わることとなり,第2学

年の内容である「証明」の充実が図られている。このように，基本的な図形の概念形成と論理的思考力とがこの領域の中心である。

　第1学年で対称性をもとにして線分と角の二等分線を作図する。対称性は図形の間の関係でもあるから，平面図形の移動（平行移動，対称移動，回転移動）によってその見方を深める。また，空間図形を二次元表現（見取り図，展開図，投影図）することによって，空間図形の理解を深める。第2学年で図形の性質を調べる方法として証明を学び，第3学年で平行線と線分の比，三平方の定理を学ぶ。

　「C関数」は2つの数量の依存関係や因果関係，具体的な事象の考察と表現を扱う。小学校算数科では関係の1つであった比例・反比例は，第1学年で関数として捉え直される。第2学年では変化量一定のもとに一次関数，第3学年では2乗の比例のもとに関数$y=ax^2$が学ばれる。このように一定の変化を重点的に扱うことによって，高等学校数学科における変化率による事象の考察につながるようにしている。こうした関数の学習において，表・式・グラフは代表的な表現方法でありすべての学年で関数の特徴を表したり考察したりするために使われる。

　「Dデータの活用」は従前の「D資料の活用」から名称変更である。これは用語として一般的に「データ」が用いられること，また小・中・高等学校の一貫した学びを考慮したことからくる。また，統計的確率（第1学年）・数学的確率（第2学年）が明示的に示され，「データの分布の比較」（第2学年）というように，確率概念の形成と統計的方法の習得とを連動させて指導することになる。高等学校数学科にかわって「四分位範囲」「箱ひげ図」を扱うこととなるが，これらも統計的方法のための道具である。

参考文献

文部科学省（2017）『中学校学習指導要領（平成29年告示）解説　数学編』

（影山和也）

Q9 高等学校数学科の科目構成とその内容を述べなさい

1. 学習指導要領における数学科の内容

高等学校数学科は，平成30年告知の学習指導要領では，「数学Ⅰ」「数学Ⅱ」「数学Ⅲ」の３科目を基本としてこの順に履修することを原則とし，これらを発展ないし補完する「数学A」「数学B」「数学C」の３科目をあわせて構成されている。

中学校での４領域構成（Q8参照）ですべての内容を履修することとは異なり，「数学Ⅰ」のみが必履修であり，普通科や工業科といった種別に関わりなくすべての生徒が学ぶことになる。対して「数学Ⅱ」「数学Ⅲ」が選択必修（すべての内容を履修すること），「数学A」「数学B」「数学C」が選択（内容を選択して履修すること）となっている。このように，生徒の興味・関心や特性，必要性に応じて科目と内容を履修することができる。

2. 各科目の内容等

各科目の内容，性格や趣旨は表2-9-1の通りである。中学校での４領域構成のように，事象の確定・不確定，数学の内容と方法というような全体的特徴というよりも，数学に対する生徒の必要性に応じるがために，科目ごとにまとまりが見出される。さらに，教育に対する社会的要請という点で，中学校数学科と連動した確率・統計領域の充実と系統化がみられる。このように，高等学校数学科では，個人の必要性と社会の要請，そして数学的な系統とのバランスのもとに構成されていると言えよう。

数学Ⅰから数学Ⅲまでの各内容で位置づけられている課題学習とは「主体的・対話的で深い学び」として数学的活動を充実させることを意図して設定されている。また「数学と人間の活動」（数学A），「数学と社会生活」（数学B），「数学的な表現の工夫」（数学C）は，従前の「数学活用」にあった内容を各科目に移行したものであり，科目の性格，趣旨を反映させようとしてい

表2-9-1高等学校数学科の内容および性格，趣旨

	内容	科目の性格，趣旨
数学Ⅰ	数と式　図形と計量 二次関数　データの分析 [課題学習]	すべての生徒の数学に関わる資質・能力を育成する。中学校数学科との接続を考慮しつつ，高等学校数学科の学習の基礎となる。
数学Ⅱ	いろいろな式　図形と方程式 指数関数・対数関数 三角関数　微分・積分の考え [課題学習]	数学Ⅰの発展かつ数学Ⅲへの接続を担う。
数学Ⅲ	極限　微分法　積分法 [課題学習]	数学に対する興味・関心にこたえ，専門的に数学を学ぶための素養を担う。
数学A	図形の性質　場合の数と確率 数学と人間の活動	数学Ⅰの内容を補完するとともに，数学のよさを認識させる。
数学B	数列　統計的な推測 数学と社会生活	数学Ⅰの内容を発展させるとともに，数学における知識や技能を用いて問題解決や意思決定などを行う能力を培う。
数学C	ベクトル 平面上の曲線と複素数平面	数学的な表現の工夫 数学Ⅰの内容を発展させるとともに，数学的な素養を広げ，そして数学的に表現し考える能力を培う。

ることが見て取られる。たとえば従前と異なり「ベクトル」が数学Cで扱われることに伴って，関数の変化や図形へのベクトル的アプローチの指導の際には，履修の配慮だけではなく多様な表現方法の1つとしての扱いという慮も求められよう。

　6つの科目のうち，数学Ⅰの内容は中学校数学科の4領域「A数と式」「B図形」「C関数」「Dデータの活用」と対応している。数学Ⅰにおける数では，中学校数学科において平方根の学習によって無理数まで拡げてきたことを受けて実数としてまとめ，数の体系としての意識を持たせる。また，従前と同じく集合，命題，論理も数学Ⅰで扱われる。中学校数学科までは集合等は強調されることはなかったのに対して，これらはこれ以降の数学の学びの基礎となる。例えば，数学Ⅱでは考察される関数の種類が増えるが，いずれにおいても集合を基礎とした対応や変域（定義域と値域）の理解は重要である。

　中学校数学科と数学Ⅰ以降の関係として，内容の拡張や一般化がある。三

平方の定理は測量の文脈で三角比として拡張され（数学Ⅰ），角の大きさを度数法から弧度法に変えて変域を実数とすることによって三角関数として捉え直され（数学Ⅱ），事象を記述し分析するための1つの視点として整備される（数学Ⅲ）。他にも，中学校数学までの数の累乗は自然数に限るけれども，指数を有理数，無理数，実数へと合理的に拡張することによって，数の単項演算をもとにした指数関数・対数関数を扱うことができる。これらの関数は，整係数多項式関数とともに高等学校数学科の中核となるものであって，社会のなかでも頻繁に使われるという意味でも基本的であると言える。

　科目の間の関係として，例えば微分・積分の考え（数学Ⅱ）と微分法と積分法（数学Ⅲ）とは，関数の局所的な変化に着目して事象を数学的に捉えようとしたり，逆演算としての微分と積分の関係から関数のグラフで囲まれた図形の面積を求めたりというような基本的な考え方は変えないままに，微分係数や導関数の意味を大切にしながら考察対象の範囲を拡げていくという関係がある。スパイラル状に学びを連続させること以上に，より多くの生徒に対して微分・積分の考えは事象を考察する際の重要な視点であることを感得させようというねらいがある。

参考文献

文部科学省（2018）『高等学校学習指導要領』東山書房.

（影山和也）

Q 10　中学校数学科の内容の時代的変遷をまとめなさい

1．戦前の中学校数学の内容

（1）教育制度の変遷

　戦前の中等教育制度は，進路に応じた複線型であるが，めまぐるしく変化した。1872年（明治5年）に学制が頒布され，「学校ハ三等ニ区別ス大学中学小学ナリ（20章）」とし，大学，中学，小学を置き，中学は256校の計画であった。小学校は，下等小学4年（6～9歳），上等小学4年（10～13歳），中学校は，下等中学3年（14～16歳），上等中学3年（17～19歳）である。

　1879年（明治12年）に教育令，翌1880年（明治13年）に第2次教育令が公布された。小学校は，初等科3年，中等科3年，高等科2年，中学校は，初等科4年，高等科2年となった。小学校中等科から中学校初等科に進むこととなり，中等教育は複線型であった。1881年（明治14年）に中学校教則大綱が制定され，中学校の目標は「高等ノ普通学科ヲ授クル所ニシテ中人以上ノ業務ニ就クガ為メ又ハ高等ノ学校ニ入ルガ為メニ必須ノ学科ヲ授クルモノトス（第1条）」とされた。初等科の内容は算術，代数，幾何，高等科は三角法である。その後，1885年（明治18年）に第3次教育令が公布された。

　1886年（明治19年）に中学校令が公布された。中学校は，尋常中学校5年，高等中学校2年となった。1894年（明治27年）に高等学校令が公布され，高等中学校が中学校から分離され，1899年（明治32年）に第2次中学校令が公布され，尋常中学校は中学校と改められた。1907年（明治40年）義務教育の延長に伴い，尋常小学校6年，尋常高等小学校2年になり，入学資格は12歳以上で尋常小学校卒業者となった。実業系の学校の多くは尋常高等小学校卒業者を対象としており，師範学校はその1つである。1943年（昭和18年）に中等学校令が公布され，中学校の修業年限が4年になった。

　教科書検定制度は1887年に制度化され1903年には小学校教科書が国定化

される。中学校は1943年の一種検定教科書に至るまで国定化されなかった。

（2）明治期の教科書

　明治期の中等教育で使われた代表的な教科書に菊池大麓『初等幾何学教科書　平面部（1889年）立体部（1890年）』があり，①分科主義（代数学を持ち込まない），②ユークリッド流の論理展開，③ユークリッド流の比及び比例論がその特徴である。算術と代数教科書では，藤沢利喜太郎の『算術教科書（1896年）』『初等代数学教科書（1898年）』があり，「算術ニ理論ナシ」として，計算方法は単なる便宜上の手段と位置づけられた。藤沢の数学教育思想は『算術条目及教授法（1895年)』『数学教授法講義（明治33年)』に記されている。

（3）数学教育改良運動と数学教育再構成運動

　数学教育改良運動の契機は，明治初期に東京大学の前身，工部大学校で教えたイギリスの工学者ジョン・ペリーによる1901年グラスゴー講演に求められる。他方，国際的には，1908年数学教育国際委員会ICMIの創設に携わったドイツの世界的数学者F・クラインによるクライン運動と広く認知されている。わが国の場合，国際的には1912年世界数学者会議で現状報告し，運動促進目的の動向紹介が小倉金之助やドイツ留学した黒田稔等により国内でなされ，ペリーは真実性を，クラインは微積分へ向けての分科融合を，ムーアは実験室法を提唱したことなどが紹介された。分科融合を基盤とする教育課程改革では，分科課程を漸次改める必要がある。その研究は当初東京高等師範学校附属中学校で始まり，国としては，その成果をふまえた1911年改定中学校数学教授要目に始まる。さらなる運動推進のため日本中等教育数学会（日本数学教育学会の前身）の創設が1918年全国師範学校中学校高等女学校数学科教員協議会で提起された。さらなる改定案が草案されたが関東大震災で不能となる。中学校で，微分積分への分科融合型教育課程が実現するのは，戦中1942年『中学校教授要目』，1943年数学中学校用第1類（数量の部）と第2類（図形の部）である。当時，日本中等教育数学会において，小学校緑表紙教科書に継ぐ中学校教育課程改定が課題視され，数学教育再構成運動が組織され，東部（東京）案，中部（大阪）案，西部（広島）案が提案された。

2．戦後の中学校数学の内容

占領下1947年に教育基本法，学校教育法が制定され，6・3・3・4制が採用され，中等教育は中学校と高等学校になり，小学校と中学校は義務教育となった。戦前の「教授要目」に代わり，「学習指導要領」がおよそ10年ごとに改訂され，1958年学習指導要領から領域ごとに示されるようになった。

1947年学習指導要領（試案）は，民主主義を志向する教育課程ながら高等小学校，旧制中学校の内容にも近い。1951年の学習指導要領（試案）は，活動による生活の改善を「単元による学習」で志向し，数学を問題解決過程で学習する主旨で編纂された。試案に示された内容は，数，四則，計量，比および数量関係，表・数表およびグラフ，代数的表現，図形による表現（縮図・地図・投影図），簡単な図形，実務である。

1958年の学習指導要領より，教育課程基準としての役割が明確にされ，法的拘束力を持つこととなった。もはや戦後ではないという経済成長志向のもとで，戦前戦中と比較しての学力低下が社会問題化し，その原因が単元による学習とみなされたため，系統学習が復活し数学教育の目標として「数学的な考え方」が強調された。

東西冷戦の最中，1957年ソビエト連邦が世界初の人工衛星スプートニク打ち上げに成功すると，それを脅威とする西側諸国でも科学技術基盤としての科学教育改革が強化される。数学科では，集合と構造による現代数学を志

表2-10-1　中学校学習指導要領　数学科における領域の変遷

改訂年	内　　　容
1958	A数，B式，C数量関係，D計量，E図形
1969	A数・式，B関数，C図形，D確率・統計，E集合・論理
1977	A数と式，B関数，C図形，D確率・統計
1989	A数と式，B図形，C数量関係，D確率・統計
1998	A数と式，B図形，C数量関係
2007	A数と式，B図形，C関数，D資料の活用
2017	A数と式，B図形，C関数，Dデータの活用

向した数学教育カリキュラム現代化が議論され，「数学教育現代化運動」が起きた。1969年の学習指導要領では，数学的な考え方育成の一貫として，統合・発展による教育課程編成原理が明示され，内容面では，集合，確率，不等式，図形の変換，位相が導入され，関数や論理が強調された。当時，数学授業時数は週4時間あった。

公害など科学技術への懸念時代を迎えた1978年の学習指導要領では，「基礎基本」が問われ，現代化の象徴である「E.集合・論理」が削除された。1989年の学習指導要領では，「社会の変化に自ら対応できる心豊かな人間の育成」が掲げられ，「新しい学力観」として情意面が強調され，数学科では「数学のよさ」が強調され，指導としての評価が強調された。

バブル崩壊期，学校週5日制のもと，ゆとり教育が提唱され，「生きる力」の育成を求めた1998年学習指導要領では，目標において数学的活動の充実を図る一方，総合的な学習の時間創設などによる週3時間への時数減，そのための内容厳選を強いられる。学力低下への懸念もあり目標に準拠した評価が強調された。科学技術立国を損なうとの批判を受け，文部科学省は2002年には発展的な学習を視野に「個に応じた指導資料」を発行するが，時数・内容減は，その後国際数学学力調査において「学力低下」結果として現れた。

2008年の学習指導要領では，基礎的・基本的な知識・技能の習得，思考力・判断力・表現力等の育成が強調され，数学科では現在の授業時数に復活した。2018年の学習指導要領では，1989年に算数科で提唱された「自ら学び自ら考える力」育成が全教科で目標視され，目標3柱のもと，数学的な考え方，数学的活動が主体的・対話的で深い学びのもとで強調された。

参考文献

日本数学教育会編（1966）『数学教育の現代化』培風.

日本数学教育学会編（1987・1988）『中学校数学教育史（上・下）：数学教育課程及び教科書の変遷』新数社

小倉金之助（1973）『数学教育史』岩波書店.

小倉金之助・鍋島信太郎（1957）『現代数学教育史』大日本図書.

（岸本忠之）

Q 11　高等学校数学科の内容の時代的変遷をまとめなさい

　戦前の学校制度は複雑で，Q10は中等教育を旧制中学校とみなして回答した。旧制高等学校は，専門学校と大学進学予科などに分かれ，今日では高等教育とみなされる。ここでは新制高等学校に限定して解答する（表2-11-1）。

　高等学校は単位制であり，学力差を考慮し履修内容をいかに定めるかが考慮される。そこでは誰もが学ぶべき内容は何か，進学者はどこまで学ぶべきか，進学率増大に伴い最低限何を学んで数学を終えるべきか，編成・選択自由度の中で学ぶ順序をいかに定めるかが論点となる。

表2-11-1　学習指導要領ごとの科目の変化（（　）は単位数）

改訂年	科　　目
1947	解析学1（5），幾何学（5），解析学2（5）
1948	一般数学，解析1（5），幾何（5），解析2（5）
1953	一般数学（5），解析Ⅰ（5），解析Ⅱ（5），幾何（5）
1956	数学Ⅰ（6または9），数学Ⅱ（3），数学Ⅲ（3または5）， 応用数学 （3または5）
1960 （部分改訂）	数学Ⅰ（5），数学ⅡA（4），数学ⅡB（5）数学Ⅲ（5），応用数学（6）
1970	数学一般（6），数学Ⅰ（6），数学ⅡA（4），数学ⅡB（5）数学Ⅲ（5）， 応用数学（6）
1978	数学Ⅰ（4），数学Ⅱ（3），代数・幾何（3），基礎解析（3）， 微分積分（3），確率統計（3）
1989	数学Ⅰ（4），数学Ⅱ（3），数学Ⅲ（3），数学A（2），数学B（2）， 数学C（2）
1999	数学基礎（2），数学Ⅰ（3），数学Ⅱ（4），数学Ⅲ（3），数学A（2）， 数学B（2），数学C（2）
2009	数学Ⅰ（3），数学Ⅱ（4），数学Ⅲ（5），数学A（2），数学B（2）， 数学活用（2）
2018	数学Ⅰ（3），数学Ⅱ（4），数学Ⅲ（3），数学A（2），数学B（2）， 数学C（2）

1947年の学習指導要領（試案）では，解析学1，幾何学，解析学2のうち1科目が選択必修であった。1948年の学習指導要領（試案）では，一般数学が追加された。1956年の学習指導要領では，選択制から類型化に代わり，数学Ⅰが必修科目となった。数学的な物の見方，考え方，態度という語がはじめて登場した。1960年の学習指導要領（部分改訂）では，数学を深く学習する生徒は，数学Ⅰ，数学ⅡA，数学Ⅲを履修し，数学ⅡBは実用的で平易な科目，応用数学は職業教育を主とする生徒向けの科目となった。1970年の学習指導要領では，数学一般が追加され，数学Ⅰと選択必修とされた。1978年の学習指導要領では，必修の数学Ⅰの後に，数学Ⅱ又は代数・幾何，基礎解析，微分積分，確率統計を選択する独立科目型となり，学校毎に定める指導順序に応じた補充も必要とされた。1989年の学習指導要領では，数学Ⅰは必修とし，数学Ⅱと数学Ⅲは，内容をすべて履修させることを原則とし，数学Aと数学Bと数学Cは生徒の実態に応じて履修内容を適宜選択する形式となった。1999年の学習指導要領では，数学基礎が追加され数学Ⅰとの選択必修科目となった。数学基礎は，生徒の主体的な活動を重視し，具体的な事象の考察を通して数学への興味・関心を高め，数学的な見方や考え方のよさを認識できる科目とされた。

　進学との関連で内容に注目すると，文科系でも微分積分まで学ぶことが期待され，行列と複素関数の間で入れ替わりがある。一般数学，数学基礎などは非進学者による数学Ⅰの履修困難に配慮したとものであるが，履修実態に乏しい。教育課程の多様化方途の変遷とみることができる。

（岸本忠之）

Q 12　教科横断における数学科の役割を述べなさい

1．数学科における教科横断

　教育課程は学校毎に定めものであり，学校として計画から評価に至るまで一貫した「主体的・対話的で深い学び」を実現するカリキュラムマネジメントが期待されている。文脈に応じて生きて働く資質・能力育成の必要から異なる教科の学習内容を考慮し，教員が相互共同して計画するなどする教科横断型の学習はその１つである。教師の側からその計画をみれば，教科横断型の教育課程を計画する場合，各教科の指導系統の連関を考えることに始まり，テーマを最初に決めてそれぞれの教科指導で指導内容を分担することや各教科の類似内容をまとまりとして指導することなど様々な工夫がある。生徒の関心ベースでみれば，総合的な学習/探究の時間のように，必ずしも特定教科に依存しないテーマ設定において，生徒に様々な教科で学んだ既習の活用を迫る学習や，数学科内でテーマ設定し課題学習として，他教科で学ん

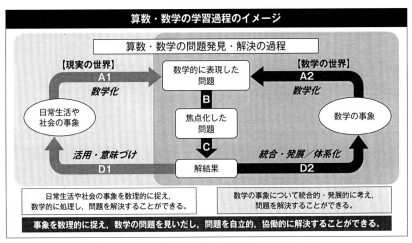

図2-12-1　算数・数学の学習過程のイメージ
(『中学校学習指導要領解説数学編』平成29年，文部科学省，p27)

だ内容も発露する学習がある。特に，2017年の中学校学習指導要領では，次に示す問題の発見・解決過程として数学的活動の充実が強調され，それを前提とする高等学校学習指導要領では，さらに「理数探究」が導入され，名称変更した「総合的な探究の時間」に代替し得ることとなった。

2．数学的活動の充実としての教科横断

これまでも高等学校理数科など専門学科としての理数科は存在した。それに対し，平成30年告示の『高等学校学習指導要領』では教科として「理数科」が新設された。理数科は「理数探究基礎」と「理数探究」の2科目で構成される。目標は，様々な事象に関わり，数学的な見方・考え方や理科の見方・考え方を組み合わせるなどして働かせ，探究の過程を通して，課題を解決するために必要な資質・能力を育成することである。以下は，その教材開発の視点である。

（1）数学における探究

数学の探究には，現実の問題を，数学化し，数学として解決してみる数学的モデリングと，数学事象の問題を発展的に探究し，普遍な性質を探る数学の数学化とがある。

ア：数学的モデリング

数学的モデリングとは，①現実世界の問題において，変数を特定するなどして数学的に表現し得るまでに数学化し，②それを，数学の問題として解決し，③その数学上の解決結果と現実での解法を探ったり，④さらに現実問題に沿うように，さらなる変数を探るなどしてモデルや現実問題を設定しなおして，より妥当な方法を探したりする探究行為を指す。数学的モデリングを経験することは，数学的方法の有用性を認め，数学への興味関心を伸ばし，学んできた数学と日常生活の関連を知る機会を提供する。それは現実問題を数学的に解決する訓練機会でもある。

イ：数学の数学化

数学の探究では，より一般性のある解法や普遍な性質，普遍な性質の拡張性を探る。例えば，べきについて，0^0の値はx^xの極限として計算できるかを

探究する。さらに，a^bについて，bが複素数であるときにどのように計算できるかを探究する。関数電卓，グラフィングツール，作図ツールなどは，固定する変数，稼働する変数（スライダー）を変えることで，普遍な性質を探るツールである。例えば，$y = ax^2 + bx + c$でaを変数とし，b，cを定数とした場合の普遍な性質は，放物線の開き具合以外に少なくとも2つある。そこで学んだ方法を利用すれば，旧センター入試や共通テストの問題を生徒自らが自作し，探究し得る。

（2）STEAM教育

STEAM教育とは，科学（S），技術（T），工学（E），芸術（Artes），数学（M）の頭文字からなる教科横断型教育を指す。STEM教育に対しSTEAM教育はデザインを強調する。理数科やSTEM教育が，理科関係者からは理科の補充にみえるのに対し，数学科としてのSTEAM教育では技術科，情報科との連携がむしろ課題である。

数学科は，情報教育においてコンピュータ思考，プログラミング思考でなされる表現や思考法を提供する。プログラミング思考は，コンピュータの有無にかかわらず，問題（対象）事象に際し，求められる解決活動を論理的な手順に切り分け，その手順を別表象で代替効率化し問題解決に役立てようとする思考方法である。ロボットプログラミングでは，部品・成形，稼働部動作（変数特定），変数制御アルゴリズム，プログラム，それを実行して可動範囲や動作内容修正，成形変更する。ロボットのデザインとは成形（外見）だけではなく，これらすべての計画まで含む。手順を細分し，当該部分を言語表象し，異表現からなる全体を総合するプログラミング思考は，数学科では，算法（アルゴリズム），演繹証明，基本作図などで学習される。コンピュータ思考は，計算モデルやAIによる機械学習までもプログラミング思考に組み込んだ思考である。計算モデルは，比例・反比例の如く，教科枠を超えた数理科学で蓄積される。機械学習で用いる範例は，集合・論理，変数・関数を定めることで選ばれる。

（岸本忠之）

第3章

中学校・高等学校数学科の
指導法

Q 13 数学の学習における数学的活動の意義を述べなさい

1．数学的活動とは

　数学的活動は，平成元年改訂学習指導要領の数学科目標にある「数学的な見方や考え方のよさ」を認識することに加え，数学を学ぶことへの意欲を高めるとともに，数学を学ぶ過程を大切にするとの趣旨により，平成10・11年改訂学習指導要領の教科目標においてはじめて用いられた文言である。中学校では，「数学的活動の楽しさ」，高等学校では，「数学的活動を通して創造性の基礎を培う」という文言で示されている。当時の数学的活動は，観察，操作，実験・実習などの外的な活動と，直観，類推，帰納，演繹などの内的な活動に分けて捉えられ，両者相互の関係に配慮する必要があるとしている。

　その後，平成20・21年改訂学習指導要領解説においては，数学的活動を「生徒が目的意識をもって主体的に取り組む数学に関わりのある様々な営み」（中学校），「数学学習にかかわる目的意識をもった主体的な活動」（高等学校）と示しており，数学の学びに向かう意志的な側面を大切にしている。そして，平成29・30年改訂学習指導要領においては，数学的活動を「事象を数理的に捉え，数学の問題を見いだし，問題を自立的，協働的に解決する過程を遂行すること」として示し，従前の数学的活動の意味を数学の学習過程に沿わせてより明確にしている。数学的活動を充実した授業により，生徒が自ら知識や技能を習得したり，思考力，判断力表現力，等を身に付けたりすることができるようになることを目指している。そして，直面した様々な問題に対して，数学を活用して解決できるようになることが期待されている。さらには，多様な人々と協働しながら主体的に問題を解決しようとする探究的な態度を養うことも期待されている。

2．数学的活動と学習過程

　平成29・30年改訂学習指導要領では，数学的に考える資質・能力を育成す
る上で，数学的な見方・考え方を働かせた数学的活動を通して学習を展開す
ることを重視している。資質・能力を育成していくためには，学習過程の果
たす役割が極めて重要であるとし，数学的活動における問題発見・解決の過
程として，次のイメージ図3-13-1のような，主として2つの過程を示して
いる。一つは，日常生活や社会の事象に関わる過程であり，もう一つは，数
学の事象に関わる過程である。いずれも事象から数学的な問題を見いだして
解決することで終わりとするのではなく，統合・発展したり，さらなる活用
を目指したりすることで新たな問題を発見していくのである。これら二つの
過程は，現実の世界から始まるものであっても，数学的に解決をして結果を
出した後に，更に数学的に発展をさせていこうとして，数学の世界で検討す
るなど相互に関わり合って展開される。数学の学習指導を計画する際には，
これらの二つの過程を意識しつつ，各場面で言語活動を充実し，それぞれの
過程や結果を振り返り，評価・改善する機会を設定することも大切である。

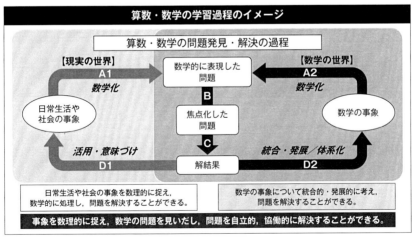

図3-13-1　算数・数学の学習過程のイメージ

（出典：中教審第197号別添4－1）

3．数学の学習における数学的活動の意義

　数学の学習では，数学を学ぶことの面白さや考えることの楽しさ，数学の必要性や有用性を実感することが大切である。これら数学のよさを実感するためには，数学を活用して問題を解決する過程で，新たな問題を発見して考え続けることや，考えたことを基に他人と意見を交わしたり議論したりすることから吟味を重ねていく機会を体験することが大切である。また，このような過程を遂行するためには粘り強く考え抜くことが必要になり，解決時には，成就感や達成感などを覚えることができるであろう。さらに，異なる考えを相互に取り入れ深めていくなど，様々な問題を協働的に解決するよさの自覚にもつながる。こうした活動を体験することが，数学を学ぶことであり，ここに数学的活動の意義があると考えられる。また，こうした経験によって得られた新たな知識を獲得する方法や，身に付いた知識を体系化する視点も重要である。これらは新たな問題解決の有効な手掛かりとなり，新たな問題の発見にもつながるであろう。

　さらに，日常生活や社会における問題について数学を活用して解決したり，数学そのものを広げ深めたりする数学的活動を通した学習を進めることにより，数学が日常生活や社会生活，また他教科の学習やその後の人生において必要不可欠なものであることに気付くことができるであろう。そのような学習において，数学を積極的に活用しようとする態度を養うことにより，変化の激しい社会において必要となる学びに向かう力や人間性等を養うことにもつながると考えられる。

参考URL
文部科学省（2017）「中学校学習指導要領（平成29年告示）解説　数学編」
　　　https://www.mext.go.jp/a_menu/shotou/new-cs/1387016.htm.
文部科学省（2018）「高等学校学習指導要領（平成30年告示）解説　数学編」https://www.mext.go.jp/a_menu/shotou/new-cs/1407074.htm.

（水谷尚人）

Q 14　日常や社会との関連を重視する数学科の指導法を具体例とともに述べなさい

1．数学学習と日常や社会との関わり

　数学は日常や社会における様々な問題を論理的に解決していく場面などで重要な役割を果たしており，それゆえ数学を学ぶことは社会をよりよく生きる知恵を得ることにつながるのである。例えば，買い物における割引額の見積もりに簡単な割合の計算技能が必要であることは明白である。預貯金やローンの金利について納得するには，等比数列や指数関数についての知識等が必要であり，さらにビジネスにおける様々な予測を的確に行ったりするためには，確率や統計についての知識等が必要になるであろう。電化製品や通信事業など電気や電波，光など波に関する事象には三角関数が関係し，AI開発など，近年目まぐるしい発展を遂げる世界に関わるのであれば，より高度な数学の知識が必須であろう。このように，数学を学ぶことは，身近な生活のみならず，社会における賢明な意思決定や判断を行っていく上で必要な資質・能力を身に付ける上で重要な役割を果たすのである。

　数学の学習では，日常生活や社会における事象について，数学を活用して解決できるように数学化し考察することを体験するとともに，数学が日常生活や社会において，また他教科の学習やその後の人生において必要不可欠なものであることに気付くことができる機会を提供することが大切である。

2．日常生活や社会の事象を数学化すること

　日常生活や社会における事象を数学と結び付けて考えたり判断したりするためには，直面した現実世界の問題を数学化することが必要である。すなわち，目的に即して，事象の数学的な側面に着目し，その特徴や関係を的確に捉えて抽象し，条件を数学的に表現することなど「事象の数学化」が必要になる。また，数学の世界で処理して得られた数学的な結果については，実際

の問題に適合するかどうかを判断する必要があり，数学的な結果を具体的な事象に即して解釈することも必要である。このような問題発見・解決の基礎をなす資質・能力を身に付けることにより，日常生活や社会の事象について，数学を活用して考察することができるようになるのである。

日常生活や社会における事象の数学化について，例えば，ある地点で発生した雷の音が，他の地点に届くまでの時間を予測する際，音が発せられてからの時間と音の到達距離の関係を調べる実験を基にグラフを作成して考察することがある。ここで，実験によるデータの点がグラフでほぼ一直線上に並んでいることを基にして，音が一定の速さで進むなどと理想化したり，音が発生してからの時間だけで到達距離が決まると事象を単純化したりすることによって，二つの数量の関係を一次関数とみなして考察することなどが考えられる。また例えば，地震における震源地からの到達距離と到達時間の関係や，自動車の運転における自動車の走る速度と，運転者がブレーキを踏んでからの停止距離の関係などについて，データを基に考察し予測することなどが考えられる。

3．日常生活や社会における問題を解決する数学科の指導

数学の学習では，日常生活や社会の事象を考察することから，日常の事象や社会の事象などを数学化し，数学的な手法によって処理し，その結果を現実に照らして解釈するという一連のサイクルを体験することが大切である。

この一連のサイクルは，「高等学校学習指導要領（平成30年告示）解説数学編」において，おおむね次のような過程を経ることが示されている。
①数学的に，状況や問題を定式化する
②数学的概念・事実・手順・推論を適用する
③数学的な結果を解釈し，適用し，評価する

この過程について，一次関数を活用して問題を解決する事例として，8月に富士山の6合目まで登る際の適切な服装を準備するという目的で，「8月の6合目付近の高さの気温はどれくらいだろうか」という日常生活における問題を取り上げて指導することが考えられる。8月の富士山周辺地点や富士

山の山頂地点の平均気温のデータを調べて表やグラフに表すことで，変化の割合がほぼ同じであることや，グラフの点がほぼ一直線上に並んでいることなどを見いだすことができる。このことを基に，8月の6合目付近の高さの気温を予測するために，気温が高さの一次関数であるとみなし，数学的に，状況や問題を定式化するのである。そして，グラフに表した点を基に直線を引いたり，表の中の数値を基に一次関数の式で表したりするなど数学的概念・事実・手順・推論を適用して，富士山の6合目付近の高さの気温を予測する。予測後も，解決の過程や結果を振り返って，一次関数とみなしているのはある変域においてのことであることや，グラフの直線の引き方によって予測した気温が異なる場合があることを確認したり，他の地点や他の山での気温変化はどうであろうかと調べたりするなど数学的な結果を解釈し，適用し，評価できるようにすることが大切である。また，一次関数を用いた新しい場面での問題解決において，解決の見通しをもつことができるようになるため，解決後には，解決の方法を説明し伝え合う場面を設定し，どのようにして問題を解決することができたかをまとめておくことが大切である。

参考URL

文部科学省（2017）「中学校学習指導要領（平成29年告示）解説　数学編」
　　　　https://www.mext.go.jp/a_menu/shotou/new-cs/1387016.htm.
文部科学省（2018）「高等学校学習指導要領（平成30年告示）解説　数学
　　　　編」https://www.mext.go.jp/a_menu/shotou/new-cs/1407074.htm.

（水谷尚人）

Q 15 数学科における主体的・対話的で深い学びの視点からの授業改善のあり方を示しなさい

1．数学的な見方・考え方を働かせた主体的・対話的で深い学びの実現

　平成29・30年改訂学習指導要領においては，単元など内容や時間のまとまりを見通して，その中で育む資質・能力の育成に向けて，生徒の主体的・対話的で深い学びの実現を図るようにすることが指導計画作成上の配慮事項として示されている。主体的・対話的で深い学びの視点からの授業改善を進めるにあたり，学びの深まりの鍵となるのが「見方・考え方」とされている。「見方・考え方」は，「どのような視点で物事を捉え，どのような考え方で思考していくのか」というその教科等ならではの物事を捉える視点や考え方であることが示されている。

　子どもたちが将来において直面する様々な問題は，教科ごとに現れるわけではない。それら問題の解決に向けて，様々な「見方・考え方」を働かせ，身に付けた資質・能力を発揮する必要がある。そのため，生徒が学習や人生において「見方・考え方」を自在に働かせることができるようにすることが求められているのである。数学の学習においては，様々な事象において数学を活用した問題解決を数多く体験することにより，数学的な見方・考え方を鍛え，豊かにしていくことが大切である。そのため，今後必要となる数学的に考える資質・能力とは何かを見据え，主体的・対話的で深い学びの実現を図るのである。そして，子どもたちが，学習内容を人生や社会の在り方と結び付けて深く理解し，生涯にわたって学び続けることができるようにすることが大切である。

2．数学科における主体的・対話的で深い学びの在り方

　子どもたちに求められる資質・能力の育成を目指して，これまで小・中学校

を中心として，授業改善の取組が数多く積み重ねられてきている。主体的・対話的で深い学びの視点からの授業改善にあたっては，これまでに取り組まれてきた実践を蔑ろにして，新たな指導方法を導入しなければならないと捉える必要はない。数学科の目標と指導内容の関連を十分研究し，学習活動の質を向上させることを主眼とするのである。

　「主体的・対話的で深い学び」の実現に向けた授業改善は，単に授業の方法や技術の改善のみを意図するものではない。生徒に目指す資質・能力を育むために，生徒の「主体的な学び」「対話的な学び」「深い学び」が実現できているかどうかについて確認しつつ，数学的活動の一層の充実を求めて授業改善を進めることが重要である。「中学校学習指導要領（平成29年告示）解説　数学編」の記述を基にすれば，以下の①～③のような視点を基に，それぞれの学びの実現について確認し，授業改善につなげることが大切である。

①学ぶことに興味や関心を持つとともに，生徒自らが，問題の解決に向けて見通しをもち，粘り強く取り組み，問題解決の過程を振り返り，よりよく解決したり，新たな問いを見いだしたりするなどの「主体的な学び」が実現できているかという視点。

②事象を数学的な表現を用いて論理的に説明したり，よりよい考えや事柄の本質について話し合い，よりよい考えに高めたり事柄の本質を明らかにしたりすること等を通じ，自己の考えを広げ深める「対話的な学び」が実現できているかという視点。

③数学に関わる事象や，日常生活や社会に関わる事象について，数学的な見方・考え方を働かせ，数学的活動を通して，新しい概念を形成したり，問題を見いだして解決策を考えたり，よりよい方法を見いだしたりするなど，新たな知識・技能を身に付けてそれらを統合し，思考，態度が変容する「深い学び」が実現できているかという視点。

　このような改善の方向は，基礎的・基本的な知識及び技能の習得を蔑ろにしているわけではない。これら基礎をなす資質・能力に課題が見られる場合には，それを身に付けるために，生徒の主体性を引き出すなどの工夫を重ね，確実な習得を図ることが必要である。

3．主体的・対話的で深い学びの実現に向けた単元計画の在り方

　主体的・対話的で深い学びは，１回１回の授業で全ての学びが実現される
ものではない。単元など内容や時間のまとまりの中で，生徒や学校の実態，
指導の内容に応じて，適宜計画し実現を図っていくものである。単元におけ
る授業のつながりの中で，例えば，主体的に学習に取り組めるよう学習の見
通しを立てたり学習したことを振り返ったりして自身の学びや変容を自覚で
きる場面をどこに設定するか，対話によって自分の考えなどを広げたり深め
たりする場面をどこに設定するか，学びの深まりをつくりだすために，生徒
が考える場面と教師が教える場面をどのように組み立てるかを考え，配置す
ることが大切である。

　そこで，単元等の計画を立てる際には，例えば，単元の序盤においては，
知識及び技能を獲得したり，思考力，判断力，表現力等を身に付けたりする
意味やよさを実感させるとともに，教師が積極的に関わるなどして必要な資
質・能力が身に付くよう指導することが考えられる。単元の中盤においては，
育成した資質・能力を生徒が発揮できるかを評価しつつ，その状況などに応
じて生徒と関わり，自立的・協働的に学ぶことができるために必要な指導を
加える。そして，単元の終盤には，自立的・協働的に解決できる課題への取
り組みを通して，育成した資質・能力を生徒自ら発揮できるようにし，必要
であればこれまでの指導を補うなどの計画をすることが考えられる。

参考URL

文部科学省（2017）「中学校学習指導要領（平成29年告示）解説　数学編」
　　　https://www.mext.go.jp/a_menu/shotou/new-cs/1387016.htm.
文部科学省（2018）「高等学校学習指導要領（平成30年告示）解説　数学
　　　編」https://www.mext.go.jp/a_menu/shotou/new-cs/1407074.htm.

（水谷尚人）

Q 16　多様な数学的表現を重視した指導のあり方を述べなさい

　この問いに答える前に，まず「なぜ数学教育において表現が重要なのか？」「数学的表現にはどのようなものがあるのか？」という問いに答え，その後に，多様な数学的表現を重視した指導のあり方について述べる。

1．数学的表現の意義

　なぜ数学教育において表現が重要なのか。数学的対象は概念であるため，数学は直接的に知覚することのできない概念を受け止める方法論とみなすことができる。したがって，自然言語とともに，具体的な事物や現象の概念化が必要不可欠な科学の言語となりうるので，数学は言語であると言われる。また，数学的対象は直接的に知覚することはできないため，数学では数学的表現をあたかも対象であるかのように振る舞うのである。

　このように，数学は言語であり知覚可能ではないがゆえ，多様な数学的表現に関する能力すなわち豊かな語彙力は，数学的対象の理解を深めコミュニケーション能力を向上させるのである。例えば，関数は抽象的で生徒の理解が困難であるため，表・式・グラフといった異なる数学的表現を関連付けることによって学習を進めているのである。

2．数学的表現の体系化

　それでは，数学的表現にはどのようなものがあるのであろうか。数学の授業で主に使われている視覚的なもの，という意味で数学的表現を捉えるならば，次の5つの様式があると指摘されている。

　①現実的表現：実世界の状況や実物による表現

　②操作的表現：教具等の操作による表現

　③図的表現：絵，図，グラフ等による表現

　④言語的表現：日本語による表現

⑤記号的表現：数学的記号による表現

　数学的表現の代表的なものは式であるから，記号的表現のみが数学的表現であると誤解されるかもしれない。しかし，表現を対象として活動する数学の授業を考えるならば，これらの表現様式が必要であることは理解できよう。

　それぞれの表現様式の特徴について考えると，例えば「①②」と「③④⑤」は表記かどうかという違いなので，前者は動的であり後者は静的である。また，表現と指示対象との関係で言えば，「①②③」は類似的であり「④⑤」は規約的である。さらに，表現の認識の観点からは，③は同時的であるが，それ以外は継時的である。（他にもあるが，紙面の都合上割愛する）

　また，これらの表現様式の順序は，表現自体の抽象度の順序にもなっている。さらに，同じ表現様式内での変換や異なる表現様式への変換も加味すれば，図3-16-1として表現体系を表すことができる。

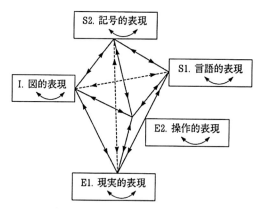

図3-16-1　数学教育における表現体系（中原，1995，p.202）

３．多様な数学的表現を重視した指導

　以上を踏まえ，多様な数学的表現を重視した指導のあり方について述べていく。先に述べたように，数学的表現を対象にして授業が進んでいくことに鑑みれば，数学的表現の抽象度も重要であることがわかる。もちろん，数学の授業は最終的に記号的表現でまとめられる。しかし，はじめから抽象的な

記号的表現を用いると，対象と表現の二重の抽象性によって困難が生じる生徒が現れるのは明らかである。したがって，表現体系の順序性を考慮して授業を構成することは重要である。

　また，それぞれの様式の表現力を高めるには，それぞれの特徴を教員が把握し，生徒にそれを気づかせることが重要である。例えば，因数分解の授業でタイルによる操作的表現を用いるとき，動的で類似的であるという特徴からは生徒自身に操作させることが大切になる。また，継時的であるという特徴から最終的な操作結果だけが示されている可能性もあるため，それを補うために他の表現様式による記録が必要となることを生徒に気づかせたい。

　このように考えると，それぞれの表現様式の特徴は長所にも短所にもなるため，異なる特徴を有する他の表現様式と関連づけて相互に補うことは必然である。逆に，異なる表現様式を相互に関連づける際は，それぞれの特徴をふまえる必要がある。例えば，授業での多様な表現を関連付ける場面では，それぞれの長所と短所を生徒にまとめさせるなどの工夫が必要である。

　また，一方の表現様式が他方の表現様式の中にどのように現れているのかを明らかにすることも重要である。例えば，比例の授業で表をグラフに変換するとき，表における対応する数の組が座標上の点に対応していることを生徒は意識する必要がある。同様に，グラフを式に変換するとき，グラフの傾き具合が比例定数に対応していることも生徒は意識する必要がある。それにより，表現の関連付けがより強固になり，比例概念を表す多様な数学的表現の一体化が進んで理解が深まっていくのである。

参考文献

新井紀子（2011）「言語としての数学」『数理科学』49（5），pp.11‐16.

Duval, R.（2017），Campos, M. M.（Ed.），Understanding the mathematical way of thinking: The registers of semiotic representations, Springer.

中原忠男（1995）『算数・数学教育における構成的アプローチの研究』聖文社.

（和田信哉）

Q 17　数学科教科書の特徴を述べなさい

　まず，一般的な教科書の特徴として日本の教科書制度について述べ，その後に数学科教科書の編集・構成の特徴とその使われ方について述べていく。

1．日本の教科書制度

　日本の教科書は，学校における教科課程の構成に応じて組織・排列された教科の主たる教材として，教授の用に供せられる児童または生徒用図書である。また，学校教育法によって文部科学大臣の検定を経た教科書，または文部科学省が著作の名義を有する教科書を使用しなければならないことが定められている。その採択においては，公立中学校では教育委員会が決定し，公立高等学校では具体的な定めはないが，多くは学校ごとに決定している。このような日本の教科書制度に鑑みれば，教科書は「意図したカリキュラム」である学習指導要領を具現化したものとみなすことができる。

2．数学科教科書の編集・構成

　さて，数学科教科書の著者を見てみると，中学校と高等学校で傾向が異なることに気づく。高等学校の教科書の著者は，数学者と高等学校の教員で構成されている。これに対し，中学校の教科書の著者は，数学教育研究者と数学者，中学校の教員で構成されている。この違いの影響か，それとも義務教育であるかどうかの違いなのか，中学校と高等学校の数学科教科書の内容構成は異なる様相を呈している。

　中学校の数学科教科書は，高等学校の数学科教科書よりも小学校の算数科教科書に類似している。学習内容は章ごとにまとまりをなしており，その導入では，日常生活や社会との関連を意識した問題が配置されている。そして帰納的に定義または説明がなされ，例題や類題，練習問題が続くということが繰り返される。また，章の最後には活用の節が配置され，その後には章の確認問題や発展問題が置かれている。その練習問題や確認問題では，それぞ

れの問題がどこで学習した内容かが明記されている場合が多く，フィードバックの機能を果たしている。

　また，中学校の数学科教科書は，当該の問題を解決する際の疑問や必要とされる数学的な考え方といったいわゆるメタ記述が記載されていたり，社会との関連や数学史のトピックがコラムとして載っていたりする。さらに近年は，教科書の冒頭に数学の学び方や考え方，ノートの取り方なども記載されている。

　これに対し，高等学校の数学科教科書は，同じ出版社が複数のバージョンを出版しており，生徒の習熟度に応じて採択できるようになっている。しかし，高等学校数学科の科目はコア・オプション方式を採用しているため，学校の実態に合わせて履修しやすいけれども，教科書からは高等学校数学科の全体像が見えにくいという欠点もある。

　また，学習内容が章ごとにまとまりをなしているのは中学校と同様であるが，日常生活や社会との関連を意識した問題はほとんど用いられていない。ただし，2009（平成21）年改訂学習指導要領において新設された「課題学習」は，そのねらいが数学と日常生活や社会との関連を図るところにもあるので，そのような問題が教科書の最後にまとめて配置されている。

　さらに，章の構成は，基本的にはじめに定義や説明があり，例題と演習が続くということが繰り返され，章の最後に練習問題や演習問題が配置されている。中学校と同様に，練習問題にはそれぞれの問題がどこで学習した内容かが明記されている場合があり，演習問題は大学入試問題に出題されるような問題が記載されている。

3．数学科教科書の使われ方

　上記のような特徴をもつ数学科教科書はどのように使われているのであろうか。教科書は生徒の自主学習のためにも使用されるが，基本的に教員の教授行為のために使用される。特に中学校の教科書は，先に指摘したような数学の学び方なども記載されるようになり，授業の指南書のような体を成しつつある。

以前は，「教科書を教える」のではなく「教科書を使って教える」ということが強調されていたが，社会の変化に応じて教科書を使って教えるためのアイデア等が記述されるようになったと言えるのではないだろうか。したがって，結果的に「教科書を教える」ということを後押ししているようにも感じられる。ただし，高等学校の数学科教科書はそのような構成になっていない。そのため，高等学校数学科では，教員の「教科書を使って教える」力量が求められている。中学校の数学教員にも必要な力量であるが，教科書教材の解釈によって教員自身が数学的活動を経験し，それに基づいて生徒の数学的活動を組織する力量が求められている。

　最後に，デジタル教科書について触れておく。2019年にデジタル教科書の制度化が法律で定められたように，デジタル教科書の利用が推進されている。その反面，紙と鉛筆を使って自ら考えることがなくなるという不安や，思考力が育成されないのではという不安が少なからず残っている。しかし，デジタル教科書に対する教員や生徒の抵抗感は減少しているので，今後ますます日常的に活用されていくことになると考えられる。デジタル教科書の利用により，従来とは授業の様子が一変する可能性は高いが，その活用方法は今後の課題となっている。

参考URL

国立教育政策研究所（2009）『第3期科学技術基本計画フォローアップ「理数教育部分」に係る調査研究［理数教科書に関する国際比較調査結果報告］』https://www.nier.go.jp/seika_kaihatsu_2/index.html（2020年5月24日閲覧）.

文部科学省「教科書とは」https://www.mext.go.jp/a_menu/shotou/kyoukasho/gaiyou/990301a.htm　（2020年5月24日閲覧）.

（和田信哉）

Q 18　数学科における学習指導案を作成する際の留意事項をまとめなさい

　はじめに，数学科学習指導案の役割と形式について述べ，それに基づきながら数学科学習指導案の作成の手順と留意事項について述べていく。

1．数学科学習指導案の役割と形式

　教育課程に示された内容を実施していくためには，学習指導計画を立てる必要がある。その中の1時間単位の学習指導計画が学習指導案であり，戦前から日本の教育現場で作成されていたものである。ただし，様々な人たちがそれぞれの立場で学習指導案を捉えて実践・研究を重ねてきたため，明確な捉え方や様式の規定はない。しかしながら，学習指導案の役割については，授業改善を前提とした次の2つの役割があると言える。それは，授業の設計図としての役割と科学的研究のための仮説としての役割である。

　学習指導案は，少なくとも授業の目標と手順を示すことになるので，それは授業の設計図としての役割を果たす。この意味では，授業者自身にその意義が見いだされればよいため，学習指導案には明確な様式は必要ない。したがって，授業準備ノートのようなものであったり板書計画のようなものであったりと様々な様式があってよい。

　これに対し，科学的研究のための学習指導案は，授業研究における参観者などへの情報源であるため，ある程度共通した体裁が必要となる。細案と呼ばれる学習指導案では，おおよそ次のような項目が必要とされている。

　①単元名

　②単元の目標（評価の3観点にあわせる）

　③単元について（教材観，生徒観，指導観を含める）

　④単元の指導計画（評価計画も含める）

　⑤本時の目標（評価の3観点にあわせる）※略案はここから

　⑥本時の展開（評価の場面や方法も含める）

⑦準備物や板書計画等

2．数学科学習指導案の作成の手順

それでは，上記の体裁に則りながら，数学科の学習指導案作成の手順について留意事項とともに述べていく。

（1）単元の目標の設定

最初に考えるべきことは，単元の目標である。その際，学習指導要領等を参考にしながら，評価の3観点（知識及び技能，思考力・判断力・表現力等，主体的に学習に取り組む態度等）について，生徒の学習を主体にした行動的な目標を設定するとわかりやすい。

（2）3つの「観」

次に，単元に関して，当該の校種だけでなく広く学校数学の系統を踏まえたうえで，設定した単元の数学的価値を数学や数学史の側面から考察し，またその教育的価値はどこにあるのかを数学教育の側面から考察する。それにより，生徒がその単元を学習する価値を明らかにする（教材観）。そして，そのような内容を学習する生徒が普段の授業でどのような特性を持っているのかを明らかにする。また，必要であればその内容に対する生徒のレディネスを実態調査などによって明らかにし，単元を通して生徒をどのような姿に変容させたいのかを明確にする（生徒観）。これらをふまえた上で，単元を通してどこに指導の重点を置き，どのような指導方法を採っていくのかを明確にする（指導観）。授業に直接現れないかもしれないが，数学教員としての見識が問われる項目であろう。

（3）本時の目標の明確化

そして，単元の指導計画・評価計画を考えながら，本時の授業の位置づけを明確にし，本時の目標を単元の目標と同様に3観点で設定する。やはり，生徒の学習を主体にした行動的な目標を設定するとよいであろう。略案はこの項目から作成するが，その作成の際もこれより前の項目が大切であることは言うまでもない。

（4）数学的活動の組織

本時の展開を考える際，具体的に，例えば「授業後に生徒に授業感想を書

かせるとしたらどのように書いてほしいか」ということを想定するべきである。本時の目標に到達するためにはその具体化が重要であるため，先に生徒の姿からゴールをイメージし，逆向きに授業展開を設計していく必要がある。そして，そのような想定に基づき，一般的な教材である教科書を分析したり，必要に応じて教材を開発したりして，その授業で組織したい数学的活動を誘発するような問題を設定する。

　また，数学科の授業では，多様な考えや多様な数学的表現を生徒が出し合いながら比較検討し学びあうことが重視されている。その実現のためには，「③単元について」で明らかにした，前提となる生徒の実態や指導の重点をふまえ，一人ひとりの生徒が課題を明確に把握し，自分なりに解決に取り組めるような問題を設定することが重要である。

　そして最後には，内容だけではなく方法も含めて何を学んだのかを生徒が自覚できるように，本時の授業全体を振り返る方法とまとめについて考える。ただし，先に述べたように，はじめに授業後の生徒の姿を想定しているのであるから，必然的にそれがまとめになるであろう。

3．授業改善に向けて

　このように，学習指導案を作成することは，指導目標を埋め込んだ授業展開づくりである。また，その役割に鑑みれば，学習指導案は授業改善のためのツールある。しかし，あくまでも授業の設計図や仮説に過ぎないのであるから，授業では学習指導案に囚われすぎない柔軟性も持ち合わせたい。

参考文献

二宮裕之（2017）「学習指導案の歴史的変遷とその役割に関する研究 ── 指導案作成における顕在的側面と潜在的側面に着目して」『数学教育学研究』23（2），pp.73-82.

重松敬一（1999）「学習指導計画」杉山吉茂・橋本吉彦・沢田利夫・町田彰一郎編『講座教科教育　数学科教育 ── 中学・高校』学文社.

（和田信哉）

Q19 数学における探究的な学習過程を事例とともに示しなさい

1. 探究的な学習過程の類別

　数学における探究的な学習過程を分類すると，①現実的課題を解決するために数学的課題へと変換する活動，②数学から数学を作り出す活動，③数学的結果を元に現実的課題を検証する活動の3つになる。この3つの分類は，平成29・30年改訂学習指導要領解説において示されている「算数・数学の学習過程のイメージ」（図3-13-1）の矢印部分にそれぞれ対応している。具体的には，①はA1数学化，②はD2統合・発展/体系化・A2数学化，そして，③はD1活用・意味づけに対応している。

（1）現実的課題を解決するために数学的課題へと変換する活動

　現実的課題から数学的課題へと変換するためには，現実的課題の具体化，仮定の設定，記号化，単純化，理想化などの活動が行われる。例えば，「環境問題を解決しよう」という現実的課題に対しては，課題が抽象的なため，具体化していく必要がある。具体化としては，温暖化問題や生物多様性を軸に考えるが，二酸化炭素量の上昇，海面上昇，外来種による生息域の変化など，その方向性は多岐にわたる。

　数学的に探究することを考えると，これらの方向性に対して適当に具体化するのではなく，目的が内在しているか，もしくは目的を付加できるか，そして，数学的に解決可能かどうかを考えながら具体化するべきである。例えば，二酸化炭素量の上昇を課題とした場合，二酸化炭素量が本当に上昇しているのかを評価することを目的にしたり，二酸化炭素量が上昇すると気温や水温が上昇するのかという，傾向を捉えることを目的にしたりすることができる。数学的に解決可能かについては，二酸化炭素量の経年変化がどのような関数になっているか，相関関係を調べる方法がわかっているかを考えるべきである。

　このように，現実的課題から数学的課題へと変換するためには，数学的知

識だけでなく，現実的課題に対する一般的な知識や，目的や解決に向けて知識を選択する能力が必要になる。

（2）数学から数学を作り出す活動

数学から数学を作り出す活動には，現実的課題から数学的課題に変換した後に，数学的解決に向けて課題を変換する活動と，既習の定理から新たな定理を生み出す活動の2種類がある。

まず，数学的解決に向けて課題を変換する活動は，現実的課題を解決するために，グラフ化したデータから式化を試みたり，式化したものを目的に応じて変形させたりすることである。他にも，数学的解決の結果が，現実的課題に対する解決に値しないと判断し，再度記号化などを行うこともある。

次に，既習の定理から新たな定理を生み出す活動は，現実的課題とは関係なく，教科書に沿った学習の中で行うことができる探究活動である。既習事項から新たな定理を見つける活動（例えば，三平方の定理から余弦定理を導く）を生徒に考えさせることは困難であるが，余弦定理から三平方の定理を見つけるという逆向きの活動を行うことで，それぞれの定理の関係性を考えさせることができる。

また，$c^2 = a^2 + b^2$の両辺に$\frac{1}{2}$を掛け，$\frac{c^2}{2} = \frac{a^2}{2} + \frac{b^2}{2}$としたとき，どのような意味を持つかを考えさせることで，三平方の定理を図的に理解させることもできる。具体的には，線分cを一辺とする正方形の面積が，線分aと線分bを一辺とする正方形の面積の和となっていることから，縦がc，横が$\frac{c}{2}$の長方形の面積が，aとbの長方形の和になっていることを理解し，それぞれの辺を元にした同じ形の面積が対応していることを発見することができる。

この探究活動は，既習事項を関連付けたり，定理の一部を改変することにより，元の定理の意味を深く理解させたりすることがねらいとなる。もちろん，新たな定理を作り出すという活動に挑戦させることもできるが，授業の設定が難しくなるため，しっかりと教材研究を行うことが重要である。

（3）数学的結果を元に現実的課題を検証する活動

この活動を数学科授業で行う場合，科学的検証が困難なため，別の方法を取る必要がある。それぞれの解決結果を発表し，その内容を吟味したり，教

室内で課題解決に最適な方法を共有したりすることで，一端区切りをつけながら，新たな課題を設定させ，探究し続ける態度を育てるべきである。

2．探究的な学習場面を行う授業科目

　現実的課題を探究する場合，時間数を確保する必要があり，高等学校では理数探究において行うことが望ましい。理数探究は平成30年学習指導要領より設置された授業であり，数学的思考と科学的思考を組み合わせて探究する過程を通して，資質・能力を育てることをねらいとしている。この授業を活用しながら，普段の授業においても探究的な活動を行うことが望ましい。

　また，授業において現実的課題を扱う場合，どの場面から始めるかを検討するべきである。例えば，現実的課題から数学的課題に変換するのに1時間，数学的解決に1時間，そして数学的結論を検証する討議を1時間というように，最低でも3時間は必要となる。つまり，単元間に1時間だけ探究活動を取り入れようと計画しても，全ての探究活動を行うことは困難になる。

　理数探究において，数時間かけて探究活動を行うという形が，適切な形となるが，中学校や高等学校でも普段の数学科授業において探究活動を行う場合，現実的課題から数学的活動に変換することに専念したり，現実的課題の変換を教師が用意し，他に可能な変換は無いかを考えさせたりすることを通して，探究活動の基本的な考え方を養う形も考えられる。必ず全ての活動を行うことに縛られることなく，実態に合った形で運用することが望ましい。

参考文献

三輪辰郎（1983）「数学教育におけるモデル化についての一考察」『筑波数学教育研究』（2），pp117-125.

三輪辰郎（2004）「数学教育における数学的モデル化の教授 ― 学習の意義と課題」『日本科学教育学会第28回年会論文集』pp.223-224.

西村圭一（2012）『数学的モデル化を遂行する力を育成する教材開発とその実践に関する研究』東洋館出版社.

（髙井五朗）

Q 20　ICTを活用した数学科指導の特徴と考えられ得る指導過程を示しなさい

1．数学科授業におけるICT活用の3場面

（1）探究活動の補助

　現実的課題を数学的課題に変換する活動では，現実的課題についての知識が必要となる。探究活動の補助とは，この知識を得るために，インターネットを用いて調べることを指している。

　学習過程においてインターネットを用いる場合，使用を無制限にすることは，探究する姿勢を育てるためには有効である。しかし，学習以外の内容を検索したり，解決方法を全て鵜呑みにしたりする危険がある。数学科指導における探究活動に絞るのであれば，現実的課題についての基本的な知識，現実的課題から記号化するために必須な情報やデータの収集に限定すべきである。また，インターネット上にある情報を鵜呑みにさせないようにするため，普段から情報リテラシーの指導や，批判的姿勢を養成する指導も重要である。

（2）数学的問題解決の補助

　数学的問題解決の補助としては，古くは関数電卓を用いた学習がある。他にも，関数領域においてはグラフ作成ツール，幾何領域においては作図ツールが開発されている。これらのツールの利点は，実際に変数を変化させたり，作図した図形を動かしたりすることによる動的なイメージが形成できる点である。また，想像しにくい立体の切断も，こうしたツールを用いることで，立体を立体のまま見ることができるため，イメージの形成に有効である。

　しかし，こうしたツールを無制限に用いることは，数学的知識の理解を阻害する危険もある。例えば，作図ツールを用いて図形をつくり，動かした際に，角度が変わらない角があった場合，何故角度が変わらないのかを考えることが，数学的には重要である。しかし，ツールの数値を鵜呑みにし，必ずこの角度になると納得し，学習が終わってしまうことがある。こうした学習

を回避するためには，予想を検証するためにツールを使用すること，そして，普段から探究的な姿勢や批判的な姿勢をもたせる指導を行うべきである。

　また，最近ICTの活用が求められる領域として，統計・確率領域を挙げることができる。中学校においては，多数回の試行結果をまとめたり，データからヒストグラムや箱ひげ図を作成したりする際に表計算ソフトを用いることにより，時間短縮をはかることができる。特に，学習した内容を活用し，自分たちで様々なデータを収集する際には，ICTが使える環境を整えておくことで，生徒の活動の幅を広げることができるようになる。

　高等学校においても，中学校と同様に，表計算ソフトを始めとしたICTが使える環境を整えることで，様々な探究活動を行わせることができる。しかし，グラフ作成ツールや作図ツールと同様に，学習内容の理解が無いままにツールを利用することは避けなければならない。

（3）協同解決の補助

　グループ学習や教室全体での練り上げにおいては，電子黒板の利用や，タブレット画面の共有といったICTの利用が考えられる。電子黒板の利点は，グループや個人の意見を短時間で共有できる点であり，生徒に板書させる時間を無くすことで時間的に授業の幅を広げることができる。また，タッチパネル式であれば，生徒に実際に図やグラフを操作させることで，発表する内容を伝えやすくする効果も期待される。

　次に，タブレットの利用については，グループに1台渡すことで，ホワイトボードの代わりとし，意見交流の補助として利用できる。もちろん，インターネットに繋ぐことで探究活動の補助にもなるし，様々なツールを入れることで数学的問題解決の補助にもなる。このことから，タブレットを上手く使えば，様々な補助として利用することができるため，使用できる環境があるときは，積極的に活用するべきである。

２．数学科授業において ICT を活用する際の留意点

　ICTを用いた指導過程をこれまで見てきたが，ICTを使えば授業がうまくなるということではないことに注意したい。無制限の使用は授業を阻害する

原因となりえるし，学習内容を理解しないままツールを用いて解決することは，数学をブラックボックス化させてしまい，数学科の指導としては本末転倒な結果となってしまう。このことから，ICTは利用することが目的ではなく，あくまで学習を補助する方法として利用するべきである。一方，ICTを利用せずに授業を行うという考え方もあるが，現実的課題の探究がこれからの学びに求められることから，ICTの利用は必須となる。つまり，ICTを適切に用いるスキルが教師のスキルとして求められているということである。

　最後に，補助以外に数学科授業においてICT活用はできないのか，という疑問も出てくると考えられるので，少し考えてみたい。例えば，ある関数がどのような形のグラフになるかを考える場合，表を使って，xとyの値を見つけ，グラフにプロットする方法が一般的である。一方，グラフ作成ツールを使う場合，グラフ作成ツールの使い方を熟知したり，効率的な使い方を考えたりすることはあるが，グラフに関しては，ブラックボックス化してしまう。他にも，ある統計の試行をパソコン上で行わせるために，プログラムを組んで考えるという例を挙げると，プログラム作成のために，どういう統計的モデルになるか，どのようなプログラミングを行うかということを考えるため，数学的思考というよりは，プログラミングに関する思考となり，情報の授業となってしまう。このように，ICTを前面に持ってくると，使用するICTについての学習になってしまい，数学科授業において求められる思考活動が阻害されることになることを理解してもらいたい。

参考文献

飯島康之（2013）「数学教育でのテクノロジー利用が生み出すさまざまな研究課題について —— 作図ツールGeometric Constructorの研究開発に関連して」『教科開発学論集』(1)，pp237-246.

曽布川拓也（2012）「算数・数学教育とICTの不適合性 —— 異端者の考え」『コンピュータ&エデュケーション』33，pp22-27.

（髙井吾朗）

Q21 グループ活動や話し合い活動を取り入れた数学科授業のあり方を示しなさい

1．グループ活動を取り入れた数学科授業

　グループ活動とは，教室内で3，4人のグループをつくり，協同学習を行う授業場面である。グループ活動は必ず授業に取り入れなければならないものではない。授業の目的に応じて取り入れる授業場面である。

　教室内で行われる協同学習は，最小単位ならペア活動，最大単位なら教室全体での練り上げになる。ペア活動の利点は，一方が話しかけると，もう一方も必ず返答を行わなければならないことから，クラス全員がそれぞれのペアで活動を行うことができるところである。一方，教室全体での練り上げの利点は，多様な意見が出されることから，解決方法の吟味や価値づけが行われ，深い理解をした上での解決方法の選択が行えるところである。

　ペア活動と教室全体での練り上げの欠点は，それぞれの活動の逆になり，ペア活動では多様な意見は出にくく，教室全体での練り上げは観察可能な活動を行える生徒が限定される点である。これに対して，グループ活動は，それぞれの利点をある程度取り入れることができるところである。3，4人で行うため，活動に参加する頻度は練り上げよりも高く，ペアよりも多様な意見がでやすい。こうした点から，グループ活動を授業に取り入れることが増えてきている。

　一般的に問題解決を行う場合，個人でまず取り組むことが多い。しかし，個人では解決の糸口を見つけることができず，何もできないまま時間を過ごしてしまう生徒がいる。そうした生徒がでないようにするために，問題解決のはじめからグループ活動を行うことが有効である。他にも，解決のはじめからグループ活動を行う利点としては，まだ誰も解決に取り組んでいない状態から始まることから，グループ内で発言をしやすくなることが挙げられる。

　個人解決の後にグループ活動を行う場合，すでに個人差が出てしまうた

め，グループ内で解決できた生徒とそうではない生徒の間で，教え込みや，丸写しが起こる可能性があり，活動に参加するというグループ活動の利点が失われてしまう。このようにならないためにも，個人解決後のグループ活動は，何をどのように話し合わせるのかを提示したり，個人解決における生徒の状態を見ながらグループを構成したりする必要がある。特に教科書に沿った数学科授業においては，それまでの数学的経験による個人差が大きくなるため，安易に個人解決の後にグループ活動を取り入れるべきではない。

　一方，探究活動，特に現実的課題を扱う場合，グループ活動は有効な方法となる。現実的課題から数学的課題に変換することは，個人では解決が困難であることから，グループ活動ではじめから取り組むことはもちろん有効であるが，個人解決後のグループ活動も，個人で試みた方法を受容してくれる環境として機能するため，有効である。

２．話し合い活動を取り入れた数学科授業

　数学科の授業において，話し合うことは目的ではない。他の教科，例えば，英語科では，英語で話し合うこと自体が目的となりうるが，数学科においては，個人解決が困難な場合や，解法を吟味するために行われるのが話し合いである。つまり，数学科授業における話し合いは問題解決のための方法であり，ほとんどの生徒が１つの方法で解決可能な問題に取り組む場合，話し合いはほとんど意味をなさない。つまり，形式だけの話し合い活動を行うなら，個人解決の時間を増やした方が，有益ともいえる。

　個人解決が困難な場合については，グループ活動において述べたため，解法を吟味する話し合いについて述べていく。例えば，$x^2 - 4x + 3 = 0$の解を求めよ，という問題は，因数分解，平方完成，二次方程式の解の公式を用いて解くことができる。どの方法を用いても解決可能であることから，どの方法も解決に対する妥当性がある。しかし，どの方法が最も早く解けるか，どの方法が他の問題にも適用できるか，といった解法の価値づけは，個人解決において１つの方法しか試していない生徒は判断できない。それぞれの解決方法を用いた生徒が話し合いを通して価値づけを行うことにより，自分が

試していない解法の価値を理解し，次の問題解決に向けて，どの解法を選択するかを決める機会となる。

　話し合い活動をする上で，この解法の選択は重要な意味をもつ。話し合い活動の後に，教師が解法に価値づけし，その解法を用いて解くことを要請することがある。教師としては，その解法が最も効率的か，他の課題にもよく使うことのできるものと理解しているからこそ，そのような指示を出すが，生徒からすれば，それをはじめから教えてくれればよいのに，という感想を持ってしまう。つまり，話し合い活動において生徒それぞれが感じた価値観を無視するような教師からの指示は，話し合い活動へのモチベーションを下げてしまい，教師に対してすぐに説明を求めるような学習習慣を身に付けさせてしまうため，絶対に行ってはいけない指示と言える。

　また，探究活動において述べたように，現実的課題から数学的課題に変換し，数学的課題に対する結論が得られたとしても，その結論を現実的事象において検証することは数学科授業においては困難である。こうした状況に区切りをつけるために，話し合いを行うことが必要となる。この場合の話し合いは，上記の例とは違い，その結論が妥当であるかというところから吟味する必要がある。

　現実的課題の解決は，解法だけでなく，解答も多様に存在する，もしくは正解が存在しない場合もありえる。このことから，それぞれの解決方法の妥当性を吟味する話し合いは，自分の解法を修正したり，新たな解決方法を試してみたりする，新たな探究活動の場面となる。以上のことから，探究活動における話し合いは，区切りをつけるだけでなく，次の探究活動の原動力となりえる活動と言える。

参考文献

石田淳一・神田恵子（2015）『「学び合い」を楽しみ深める！ グループ学習を取り入れた算数授業』明治図書出版.

古藤怜・新潟算数教育研究会（1990）『算数科 ── 多様な考えの生かし方まとめ方』東洋館出版社.　　　　　　　　　　　　　　　（髙井吾朗）

第4章

中学校・高等学校数学科の評価法

Q 22 評価の多様な意味を整理しなさい

　評価は，評価対象，評価主体，評価基準にかかる価値判断行為であり，評価主体が自身であれば自己評価，他者であれば他者評価，その結果は評価基準次第である。教育評価では，評価対象に対するフィードバックが評価結果に含まれる。フィードバックは，評価基準に準じて，今後への改善目的でなされ，入試などの選考と区別される。教師の評価対象は，自身の指導計画，自身の指導過程，個別生徒，同僚，学校組織など多岐に渡る。

　教師の日常で特徴的なことは，生徒を含む他者に思い・願いを語り続け，その実現のための計画をし，実現に向けて努力する点にある。特に教師として生きる喜びを味わうのは，その思い・願いを，生徒の反応や姿に認めたときである。認めることができるのはその瞬間の場合もあれば，将来の場合もある。評価基準は，教師の信念や価値観，理想・道徳心，目的・目標などに依存する。そこでは，個別生徒，同僚，保護者との目標の共有，評価基準の共有が欠かせない。個別生徒の進歩や改善を求める教師は，評価基準の言語化を常に求められる。それは説明責任を問われる教師の営為でもある。

　特に学校教育法上の学校に所属する教師は，最低基準としての学習指導要領，学校毎の教育課程に準じ，記録簿としての生徒指導要録に際し，目標に準拠した評価を行う。それぞれの人間性を前提とする教師の行う評価では，自身が暗黙に抱く内的価値観と，これら外的評価基準とを統合して臨む必要がある。その統合を生み出すのは研修である。指導と評価は，カリキュラムマネジメントの基幹であり，その実現のために評価基準を共有するは研修が，個人，校内，教育委員会と様々なレベルでなされ，その研鑽成果が指導計画に反映される。研修と研鑽を積めばこそ，基準は教師自身の言葉で，思い，願いとして語られ，それを実現する授業で生徒と共有しえるようになる。

1．診断的評価，形成的評価，総括的評価

　数学科の学習指導は既習を活かすことで実現する。特に，文部科学省で

は，教育課程基準の実現を意図して，目標に準拠した評価，指導と評価の一体化を求めてきた。それは次の3つの評価で区分できる。

診断的評価とは，単元前に，その単元の学習の前提となる既習の理解状況を評価するものである。診断的評価で得られた既習の理解状況から，単元での教材，学習内容，授業形態を考慮し直すなど，調整を図り，授業を実施していくことになる。しばしば確認テスト形式をとり，不足する既習事項を補うことがフィードバックである。テストせずとも，単元の導入題などで，生徒とやり取りする中で，既習想起を促すなども診断的評価機会となる。その目的で，最近の中学校教科書は復習ページが充実しているが，高等学校教科書では稀有であり，必要な既習を事前確認することは教師の役割である。

形成的評価とは，単元内の学習指導過程で，指導目的でなされる評価すべてである。それは例えば，用意した問題や発問に対して，生徒の反応を評価し，その後の展開を選択判断し，教室全体に対しての指導内容や展開を改めていく評価もあれば，授業後半で出す確認問題で個別生徒の理解状況を把握し個別生徒の復習事項を定める評価もある。それは，生徒の学力改善に不可欠なフィードバックとしての指導内容を用意することでもあり，それは続く授業で何を既習としえるかを明確にする行為でもある。

総括的評価とは，生徒指導要録などで，評定目的でなされる評価である。教師は，形成的評価の対象である生徒を，その生徒のパフォーマンス情報の累積と単元終了時などでなされるテストの得点などを加味して総合的に評定する。指導としての評価の立場からはパフォーマンス情報はその都度形成的評価目的でなされると同時に，情報更新を含みつつ，評定で活用する。

2．相対評価と絶対評価

評定は，絶対評価と相対評価で区別される。絶対評価とは，教育目標や内容を生徒が達成したか否かを評価するものである。生徒指導要録は，絶対評価による評定を求めている。絶対評価は，個別基準が達成したか否かという意味では，論理的には二値で足りる。他方，単元や学期を通してのパフォーマンスの累積結果を生徒指導要録に記す評定（総括的評価）は，その二値評

定の累積からなり，努力，改善や達成の深さの様相を表す意味で多値化が必然となる。中学校指導要録数学科の場合，目標の3柱にかかる観点別学習状況を知識・技能，思考・判断・表現，主体的に学習に取り組む態度を，「十分満足できる」をA，「おおむね満足できる」をB，「努力を要する」をCとする。総合評定は5段階で「十分満足できるもののうち，特に程度が高い」を5，「十分満足できる」を4，「おおむね満足できる」を3，「努力を要する」を2，「一層努力を要する」を1としている。指導過程でなされる形成的評価では，生徒のパフォーマンスをその時点でA～C判定したとしても，それは仮判定であり，後にパフォーマンスが改善されれば判定は修正対象にもなる。最終評定では，その累積と最終テスト結果を総合する。

　例えば，事象のなかの数量やその関係に着目し，一元一次方程式をつくることができるかどうか，或いは正弦定理や余弦定理を三平方の定理と関連づけることができるかどうかは，指導過程での評定であり，それは記録簿に記載される。単元末，一元一次方程式全体，三角関数全体となれば，学びの進展や深さを記した記録簿とテスト結果を総合することとなる。

　相対的評価とは，特定集団内での個人の成績を他者との比較相対として位置付ける評定であり，序列や正規分布を利用して示される。長所は，特定の学級・学年集団内における個別生徒の位置を示す点にあり，進路指導では生徒・保護者にわかりやすい指標となる。短所は序列固定である。下位にいる者の奮闘は評定に容易に現れない。現在，生徒指導要録の評定は絶対評価であるが，かつて中学校では，相対評価比率7％，24％，38％，24％，7％を利用した時代がある。正規分布，標準偏差1σを基準に定める偏差値の場合，偏差値80が0.13％，80～70が2.14％，60～50が34.13％（以降対称）である。得点分布を正規化することの問題は，数学成績に多い2峰分布をベル型に正規化する点であり，学校間格差や模擬試験の相違など対象集団の違いが偏差値には現れない点にある。国際学力調査PISAやTIMSSなど，実施時期や集団が様々で，設題が漏れる危険のある標準テストは，設題群から問題を抽出して構成し，異なるテストでも比較しえるよう項目反応理論が利用される。

（高橋　等）

Q 23　数学科における指導と評価の一体化を実現するための方法を述べなさい

1. 指導と評価の一体化

　指導と評価の一体化とは，教育目標3柱に準じ，自ら学び自ら考える生徒を育成するための生徒指導の一環として指導と評価がなされることを指す。指導と評価は目標に準拠し，評価は指導の一貫，目標の実現状況の評価として計画される。教材研究，指導計画，授業デザインは，目標を学習指導へと具体化し，評価基準を探る行為を伴うものである。生徒の学びの進化や改善を目的になされる指導では，生徒との目的意識の共有，評価基準の共有も不可欠となる。実際，生徒は，その指導と評価を受ける中で自己評価基準を築き，自身の未来像，なってみたい自分を築いていく。生徒が学習に取り組む中で，できるようになった自分を認め，考え方のよさの価値を実感すればこそ，自ら学び自ら考える生徒が育つ。生徒の目的意識，自己評価基準を育てる行為まで視野に含むのが，指導としての評価である。

　それは，「よくわかった……わからなかった」「できた……できなかった」「やる気が出た…出なかった」など毎回同じ様式の学習感想を機械的に課すことではない。機械的質問では，教師が教材研究の中で描いた思いや願いを生徒と共有できないし，それを生徒が受け止めたかも不明であり，授業改善のヒントもない。仮に毎回学習感想を求めるならば，教師の狙う指導計画，目標，展開に準拠し，生徒の目的意識の伸張に準じて，質問は段階的に変わってしかるべきである。

　OECD教育2030では，学び方を学んだ生徒の育成をめざしている。それは数学科で言えば，問い方を学んだり，既習を拡張したり，一般化したり，既習から類推して解法を探り出したり，他の場合を考えて反例を生み出したりする数学的活動を進め，数学的な考え方を身に付け，数学の拡張性や一般性，合理性や体系性，調和性や美しさに価値を求める生徒である。目標3本柱の

もとで，主体的に学習に取り組む態度とは，自ら数学的な問いを発し，すごいと声を発する姿である。思考・判断・表現とは，既習を駆使して類推し，得られた考えを一般化したりする姿である。それが目標であること，それが数学学習の価値であることを，生徒自身が喜び味わう形で学んでいける学習指導を実現させることが，指導と評価の一体化という語で問われている。

評定を付ける段階で，名簿を見て，授業中の個別生徒の姿がそれぞれに思い浮かべることができる教師には，毎回の学習感想など不要に映る。他方，記録簿とは，個別生徒の思い・願い・不安を知り，顔をみればわかるようになるまでに指導を工夫した営みの証でもある。教師の記録簿は，生徒が目標を共有できたかに対する説明責任を担う教師にとって，生徒や保護者に評定根拠を客観的に説明し，次に役立てる情報を提供する役割を担っている。

２．ポートフォリオ評価と形成的アセスメント

教師の評価基準が言語化され，生徒の自己評価基準を形成していくことが，指導と評価では求められる。ここではさらに，自ら学び自ら考える生徒をいかに育成するか，生徒自身の自己評価を形成する方途を示す。

教師に必須の記録簿は，生徒と目標，基準が共有できたか否かを必ずしも示さない。主体的に学習に取り組む態度や，思考力・判断力・表現力は，教師がそれを学ぶプロセスを設計したとしても，生徒自身が自らの学んだ過程を振り返ればこそ学べるものである。数学科において既習とは，知識・技能だけではなく，学び方や学ぶ価値までを含む。育成したい数学的な考え方は，なされた数学的活動プロセスを振り返ることで特定しえる。数学的価値は，その考え方を感得すればこそ学びえる。それらまでを既習に，次は是非，自分も使ってみたいと考える意志を生徒に育むことは指導としての評価である。

ポートフォリオは，教師の記録簿，生徒にとっての学習録どちらも含意する。ここでは自ら学び自ら考える生徒を育てる主旨で後者に焦点を当てる。生徒自身が，目標を自覚し，自らの学習の進捗を振り返り，学ぶ価値を明かすツールとしてのポートフォリオに限定して解説する。

数学科の場合，生徒にとってのポートフォリオの典型は，生徒が自身の学

びや感想，学習計画や自習内容，復習内容までを記した学習ノートである。そこでは，通常のノート同様，問題，自身の解答，他者の解答，教師の模範解答やまとめなど教室で議論した内容を，大切な部分への朱書きとともに記すことに加えて，教師の語りや自身の内言として認めた考え方などを噴出しで記したり，練習したり発展させったりした際の自身の得た問いや考え方が記される。ワークシート，コンピュータでの探究結果，テストやアンケート結果を貼り付けるなども，次への志を得る反省材料となる。それは数学学習日記でもある。高等学校の場合，授業ノート，問題集/学参ノート，予備校や添削など，生徒側で区別する場合も多い。その場合にも，振り返って学習感想が記され，その反省を踏まえ，次への意欲や問い，計画が記されれば，知識・技能の習得としてのノートを超えたポートフォリオと言える。

　ポートフォリオは自己評価対象である。難しさやわからなさへの挑戦や，それを乗り越える際に用いた考え方，そこで認められるよさ・美しさなどは，教師や仲間が，その挑戦を賛美称賛したりするなどして他者評価されれば強化され深く学習し得る。予め，他者や教師に公開する対象，他者と共有する対象として，それが作成された場合には，教師側からも，よいポートフォリオとはどのようなものか，それは何故かを生徒の事例から授業で共有することができる。その場合，ポートフォリオは，教師の評価基準を生徒と共有するツール，教師が評定する際の記録簿としても機能する。

　課題学習，総合的な学習/探究の時間，理数探究などでなされるグループ学習，レポート学習では，しばしばポートフォリオが活用される。そこでなされる数学的活動は生徒自身が選んだ主題に依存する。生徒自身が，何をどう探究するかを計画実行し，教師はそれを支援する立場となる。形成的評価が教師側の指導と評価であるのに対し，それを形成的アセスメントという場合がある。それは生徒自身が自己評価としてなされる。生徒自身が目標設定に関与し，教師は生徒の数学的活動を見とりフィードバックを与え，生徒同士もフィードバックし合う。形成的アセスメントでは，教師の指導と評価の対象は，生徒自身の自己評価基準自体を発展させることにある。

（高橋　等）

Q 24 数学科におけるパフォーマンス評価の進め方を示しなさい

1．パフォーマンス評価とは

　パフォーマンス評価とは，パフォーマンス課題に対する評価である。それは，ある特定の文脈のもとで，様々な知識や技能を用いて行われる人の振る舞いや作品を，直接的に評価する方法（松下，2007），あるいは，広義の知識や技能を，与えられた状況において使いこなすことを求める評価方法の総称である（西岡・石井，2019）。パフォーマンス評価の背景には，個々人の能力は課題に対するパフォーマンスから推し量ることができるに過ぎず，いくら分析的に測定し総合したとしても，それが未知の課題へのパフォーマンスに反映するとは限らないとみなす能力観がある。パフォーマンス課題では，生徒に探究レポートなどの纏まった作品づくりを求める。その課題とは，様々な知識や技能を総合して使いこなす複雑な課題であり，プレゼンテーションや実験などの実演を求める課題までも含む。数学科で言えば，数学的な探究を求める課題学習が典型である。

2．パフォーマンス課題とパフォーマンス評価

　パフォーマンス課題の条件として，(a) 思考過程を表現することを要求する，(b) 多様な表現方法（式，言葉，図，絵など）が使える，(c) 真実味のある状況にある課題から数学化する過程を含んでいる，(d) 複数の解法がとれる，の5つがある（松下，2007）。(c) については，中学校・高校学校教材では，真実味のある状況課題とは，数学的モデリングを行う現実世界に限らず，数学的世界そのものである場合も多いことから，数学的世界において数学的思考を駆使する過程も含む。

　数学におけるパフォーマンス課題は，中学校の全国学力・学習状況調査や大学進学に際しての共通テストの場合で言えば，記述式を伴う複雑な問題を

例にすることができる。そこでの出題では，探究課題を数学的な文脈で課す。その場合の学的活動では一般化や拡張などを伴う様々な知識やスキルを総合して用いることになる。全国学力・学習状況調査授業アイディア例（e.g.,国立教育政策研究所教育課程研究センター，2018）では，パフォーマンス課題が豊富に例示されている。そのような課題への挑戦を繰り返すことで，生徒は，課題学習，総合的な学習/探究の時間，理数探求などで，自ら課題を設定し，自己評価基準を自ら設定することもできるようになる。

　パフォーマンス課題を設定する際は，パフォーマンス課題による数学的活動を実現する指導計画が必要である。学習指導要領の目標，カリキュラムマネジメントの立場からは，中学校数学，高校数学の単元は総て思考・判断・表現を求めるものであり，何れの単元でもパフォーマンス課題を設定し得る。反転学習を求めて，基礎基本は自宅で，授業ではパフォーマンス課題を行う指導計画もある。複数単元をまとめてパフォーマンス課題を用意することもできる。パフォーマンス課題では，通常，グループで調べ学習を行い，レポートを作成し，最終的にプレゼンテーションや実演を求める。パフォーマンス課題に対して，生徒自身が数学的知識を構成するという観点から，調査，実験，ICT活用，作品の生成という数学的活動を自ら取り組めるように支援する，そこでパフォーマンス評価もなし得る。

3．ルーブリックの作成

　パフォーマンス評価では，その基準としてルーブリックとその記録が求められる。ルーブリックとは，成功の度合いを示す何層かの水準からなる尺度と，それぞれの水準に対応するパフォーマンスの特徴を記した記述語からなる評価基準表である（西岡・石井，2019）。例えば，「変化の割合」について，横軸に，知識・技能，思考・判断・表現，主体的に学習に取り組む態度をとり，縦軸にA，B，Cと評定を入れ，各々にはそれと判断し得る特徴を，評価基準に照らして具体的に記載する。A，B，Cは恣意的に決められない。

　パフォーマンス評価として，セルに入る記述語の作成手順は以下のようにする。①パフォーマンス課題を実施し学習者の作品を集める，或いはパ

フォーマンスを記録する，②その中で認められる特徴的な相違を，横軸ごとに区分けし，さらにA，B，Cと階層化する。

　複数名で採点する場合は互いの情報を交換せず，さらに次の手順を行う。③全員が採点し終わったらそれぞれが記した付箋紙を作品の表に貼り直し，縦軸，横軸に沿って作品を比較し合い，話し合いながら記述語を作成する，④一応の記述ができたら，評価が分かれた作品やパフォーマンスについて話し合い，記述語を練る，⑤必要に応じて評価の観点を分けてルーブリックにする（西岡・石井，2019）。

　この方法で作成するルーブリックは，提出レポートに依存し，異次元の新レポートが出れば修正が必要となる。その意味で，教師にとっても未知の課題への挑戦を求めるパフォーマンス評価におけるルーブリックは，その集団内で相対的位置を定めた絶対評価基準である。他方，「変化の割合」などの既存教材であれば，教師は教材研究段階でルーブリックを用意できる。

　パフォーマンス評価における生徒へのフィードバックでは，ルーブリックの共有も不可欠である。課題提示の際，教師が事前設定したルーブリックを提示したり，評定時に採点結果を総評することは，生徒には探究の仕方を学ぶ機会となる。生徒がルーブリック作成や評価に加われば，生徒の現状を知り，何を指導すべきかを考える機会，自身の評価基準を見直す機会となる。総合的な学習/探究の時間，理数探究などでの実施が期待される。

参考文献

国立教育政策研究所教育課程研究センター（2018）「平成30年度全国学力・学習状況調査の結果を踏まえた授業アイディア例中学校」国立教育政策研究所.

西岡加名恵・石井英真（編著）．（2019）『教科の深い学びを実現するパフォーマンス評価』日本標準.

松下加代（2007）『パフォーマンス評価 —— 子どもの思考と表現を評価する』日本標準.

（高橋　等）

Q 25　中学校・高等学校数学科における観点別評価を概説しなさい

1．観点別評価の背景と意義

　観点別評価とは，ともすれば焦点がどこにあるかわからない，抽象的なものになりがちな評価を，具体的で有用なものへと高めようとする試みである。特に数学の場合，「数学的な見方・考え方」の育成が主たる目標であり，この評価のために重要な考え方である。制度上では，指導要録に記載する事項として導入されている。その源泉は昭和56年の指導要録の改訂（昭和52～53年度における学習指導要領改訂にあわせたもの）に求められる。その狙いは，梶田（1992）によると，従来は文部省（当時）の示す様式・記入法での評価が強く要請されていたのに対して，法規上の規定に則り，各学校と地域が連携しながら，現場に即した具体的な評価の基準を作成し，指導を改善するよう促すことにあった。この流れの延長上にある現行学習指導要領において，学習評価については主に総則（第1章第3の2の（1））で言及されている。そこでは，例えば「…学習の過程や成果を評価し，指導の改善や学習意欲の向上を図り，資質・能力の育成に生かすようにすること（p.24）。」とあるように，生徒のために評価するということ以上に，各教科等の目標を実現するために，教師が指導を改善するために評価することの重要性が強調されている。

　以上を踏まえれば，観点別評価とは特に授業を改善していくための評価として位置付けられるものであり，そこで設定される「観点」は，まさに授業がどのような方向に改善されていけなければならないかを示す「観点」であるといえる。例えば，後述する「思考・判断・表現」という観点から教師が生徒を評価したとき，期待される水準よりも低い結果が出たとしよう。このとき，教師は自らの学習指導に，「思考・判断・表現」を育むという目標に対して課題があることを知り，改善に向かう契機とすることが出来るのである。

　なお，小・中学校では指導要録に観点別評価の記載が義務化されている一

方，高等学校では義務化されてこなかった（小・中に準ずることが望ましいとされてきた）。しかし，令和元年度の指導要録の改善等に関する通知で，高等学校においても観点別評価を行う旨が通知された。

2. 学習指導要領解説に規定されている観点別評価

以上の様な背景から，学習指導要領が目指す教育目標が時代に応じて一定程度変わる以上，「観点」もまた教育目標と共に変わらざるを得ない。例えば，平成21年改訂学習指導要領が施行された際には，「関心・意欲・態度」「思考・判断・表現」「技能」「知識・理解」の4観点での評価が提唱されていた。一方，現行の学習指導要領が施行された際には，中央教育審議会によって，目標とする資質能力の三本柱に基づく「知識・技能」「思考・判断・表現」「主体的に学習に取り組む態度」の3観点へ整理されている。これは，学力の3要素を4観点で評価するという平成21年改訂の試みが現場に不要の複雑さを生み出していたという，実用上の反省も踏まえた成果である。

特に，「主体的に学習に取り組む態度」という観点は，平成29・30年改訂学習指導要領を象徴する観点であろう。従来，「関心・意欲・態度」という観点で評価されてきたことの重要性を改めて強調し，単に積極的な発言を行なっているといったことではなく，自らの学びを調整する意思を評価しようとするものである。一方，「主体的」という言葉は，平成29・30年改訂学習指導要領において，その比重とは裏腹に未定義用語であることに留意が必要である。少なくとも，殆どの授業には教師が教えたいと考えていること（教授意図）がある以上，この言葉が「生徒が自分の力だけで学ぶ」ことは意味できない。教科特性を踏まえながら，教授意図と生徒の意思の関係性について，教師の側の慎重な調整・評価が求められる。

3. 観点別評価を行う方法

観点別評価を行う前提として，（当たり前だが）私達は生徒の頭の中を直接覗いて知ることは出来ないことが指摘される。したがって，目に見える何らかの活動やその所産を元にして評価せざるを得ない。その際，数学科におい

ては，例えば「〇回以上挙手をした」のような活動ではなく，少なくとも教師から見たときに数学と関わりがある，数学的活動を以て評価する必要がある。なぜならば，より「よい」数学の指導のために評価するのであるから，何を以て「よい」指導といえるかに対する一定の基準が，即ち，生徒の期待される数学的活動が想定されなければならないからである。これは，教科横断的な内容を指導する場合であっても同様であり，むしろそのような授業であればこそ，より「期待される数学的活動」を明確化することが必要である。

　観点別評価を行うということは，上述した観点において，「ある生徒が望ましい関心・意欲・態度/思考・判断・表現/主体的に学習に取り組む態度を有しているならば，それはどの様な数学的活動で表出するか」を考えることである。例えば「複数事例からパターンを推測する」という数学的な考え方が活動として表出する場面を考えてみよう。1＋3＋5＋…の計算結果が項数の2乗になると推測した生徒と，5回連続で1がでたサイコロに対して「これは1の目が出やすいサイコロ」と推測した生徒を，同じように評価することは明らかに不適当である。このように，ある数学的な考え方（が表出した活動）を単体で直接評価することは，ほとんど不可能なのある。従って，ここに「思考・判断・表現」等の観点を持ち込む必然性が認められる。不確かな事象とそうではない事象に対する思考・判断・表現から評価すると，後者の生徒は十分な水準ではない。こうした結果が，当該の単元だけでなく，年間計画などを含む，学校における指導計画全体の反省と設計に役立つのである。

参考文献

梶田叡一（1992）『教育評価　第2版補訂2版』有斐閣双書.

中央教育審議会（2016）「幼稚園，小学校，中学校，高等学校及び特別支援学校の学習指導要領等の改善及び必要な方策等について（答申）」.

中央教育審議会（2019）「児童生徒の学習評価の在り方について（報告）」.

文部科学省（2019）「小学校，中学校，高等学校及び特別支援学校等における児童生徒の学習評価及び指導要録の改善等について（通知）」.

（早田　透）

Q 26　中学校数学科において何らかの単元を事例にして，評価規準表を作成しなさい

　評価基準（表）の作成は単元計画の作成と密接に連関しており，ほとんど殆ど１つのプロセスと考えてよい。なぜなら，単元計画の作成において生徒の実態が考慮されなければならないが，その「実態」はこれまでの学習に対する評価によって得られるからである。それぞれの授業での評価を踏まえ，単元計画を修正しながら学習は進行し，こうした評価の結果が次の単元計画や年間計画に反映されていくのである。以下では，このプロセスを具体的に見てみよう。

1．目標からの考察

　ここでは，資質能力の三本柱に基づく「知識・技能」「思考・判断・表現」「主体的に学習に取り組む態度」の観点に基づき，中学校２年生「連立方程式」の単元における評価基準表を作成してみよう。Q25にあるように，観点別評価による評価基準表を作成するためには，生徒に期待する数学的活動を想定しなければならない。その際の視点は当該の時間や単元だけでなく，より広い視点から評価基準を作成する必要が認められる。

　この際，まずは「高等学校を含めた中等教育全体を通じてどのような数学的活動が望ましいか」を考える必要があろう。高等学校進学率は概ね98%を超えて（文部科学省，2019；ただし，通信制等も含めた値）いることを踏まえれば，このような前提がより実態に即している。例えば，中・高における平成29・30年度改訂版学習指導要領の目標は，一見するとよく似ているが，高等学校においては「数学を体系的に理解する」「事象について本質や関係を認識する」「数学的の論拠に基づいて判断する」など，中学校よりも一歩踏み込んだ目標を掲げている。一方，同様に小学校に目を向けると，日常の事象を処理することなどを身に付けつけていることが伺える。

　これらの目標と小学校～中学校１年生で身に付いている力（≒学習者の実態）を踏まえながら，中学校２年生という学年を考えると，例えば「事象に

ついて本質や関係を認識する」段階まで至っていなくてもよいが，その素地を身につけていることが必要であろう。即ち，数学を通して事象を分析するような経験を積んだり，態度を養ったりすることが肝要である。あるいは，「数学的な論拠に基づいた判断」を徐々に顕在化させていく一方，日常の経験や感覚を論拠とすることも，場合と必要性によっては許容され得る。数学の大きな体系までは理解していなくてもよいが，局所的な体系は理解していくことが必要であろう。こうした点が，次に連立方程式という単元において，どのような数学的活動として表出することが期待されるかを，評価基準として設計しなければならないのである。従って，しばしば見られる，評価基準となる数学的活動を様々に分類すること（帰納的な活動，など）は，評価基準を作成していく上で意味が希薄であることに留意が必要であろう。

2．内容からの考察

どのような数学的内容であっても，それ単独では教育的な価値が（少なくとも十分には）付与されていない。従って，一方に前掲した目標を置きながら，他方で教材が目標に対して実現できる価値を同定する必要がある。

連立方程式の場合，基本的に，中学校2年生までの範囲において，方程式で解決する事が期待されている問題を解決するためには，方程式がなくともよい。同様に，連立方程式で解決することが期待されている問題を解決するためには，一元一次方程式で十分である（それぞれ，方程式や連立方程式そのものが問いの対象となる場合は除く）。一方でこれらは，後に学ぶ数学の土台となるという点で重要だが，前述した目標から考えると，その点に主たる価値を見出すことは不適当である。従って，連立方程式に対して，教師がそこに付与できる価値は，問題場面のモデル化を容易にし，構造を明らかにし，式として表した後は記号の力によって解決が形式的に可能になるという点にある。また，これらの価値は，その先に（一次）関数を見据えている。

例えば，いわゆる鶴亀算は鶴と亀の足の本数の間の関係と，鶴と亀の数の増減と足の本数の関係を見抜かなければ解決することはできない。一方，同じ場面で一元一次方程式を用いれば，このような関係を見抜かなくても，鶴

の数をxと置いて問題場面を時系列に沿って記述しさえすれば，形式的に解決することが可能である。これは既に1年生で学習済みであるが，2種類の文字を利用し，二元一次方程式を用いれば記述はより一層容易になる。ただしそのままでは解を求められないために，連立方程式が要請される。

　単元の冒頭ではこうした点に連立方程式のよさを見出すことが期待される。知識・技能という観点からは，二元一次方程式の解が無数にあり，連立方程式の解が1つになることを理解することが評価基準となる。更に，既習事項である「方程式の解」の意味に基づいてそれらを正当化することができれば，当該の授業（ないしは節）が十分達成されたと評価してよいであろう。一方，思考・判断・表現という観点からは，一元一次方程式で解を求められるのであるから，むしろ問題場面を二元一次方程式で表し，解を求めようとすることが基準となる。その際，解そのものは既知の方法で求められるのであるから，両者を比較しながら連立方程式を構成し，解を求めることができれば（たとえ洗練されていない方法でも）十分に達成されたと評価してよいであろう。最後に，主体的に学習に取り組む態度としては，一元一次方程式と連立方程式（又は二元一次方程式）による式や解を求めるプロセスを比較していくことがその基準となる。連立方程式を用いる意義が理解できたならば，やはり十分に達成されたといってよいであろう。

　一方，単元の最後では，連立方程式という単元の先を見据え，問題場面をモデル化することの良さにまで踏み込むことで，先に述べた目標へと近づけることが必要であろう。一見すると同じように見えない場面（例えば鶴亀算と濃度の問題）が，式で表せば同じ関係であることに気づくことや，その表現方法への着目などが知識・技能や思考・判断・表現の評価基準になり得る。こうした評価が良好であれば，この先に学ぶ一次関数などの単元ではより高い目標を生徒に期待したいし，良好でなければ相応の手立てが必要であろう。

参考文献

文部科学省（2019）「令和元年度学校基本調査（確定値）の公表について」.

（早田　透）

Q 27　高等学校数学科において何らかの単元を事例にして，評価規準表を作成しなさい

1．目標からの考察

　ここでは，資質能力の三本柱に基づく「知識・技能」「思考・判断・表現」「主体的に学習に取り組む態度」の観点に基づき，数学Ⅱ「三角関数」の単元における評価基準表を作成してみよう。Q25とQ26にあるように，観点別評価による評価基準表を作成するためには，生徒に期待する数学的活動を想定しなければならない。その際の視点は当該の時間や単元だけでなく，より広い視点から評価基準を作成する必要が認められる。この点は中学校と同じであるが，高等学校は中等教育の最終段階であることには留意が必要である。達成されるべき目標により近づいており，扱う内容もより高度になっていることから，目標と内容に対してより一層の分析・考察が要請される。

　数学Ⅲを履修する生徒は全体の20％前後であること（文部科学省，2016，p.18）を考えると，数学Ⅱを履修している段階で，高等学校における目標がほぼ達成されていなければならないといえよう。例えば平成30年改訂学習指導要領の目標に「数学的論拠に基づいて判断しようとする態度」を育むことが挙げられている。したがって，この段階の生徒達は，日常の経験や感覚などを，数学を行う上での手がかりにすることはあっても，論拠とすることがほぼ無くなっていることが期待される。そのような状態の生徒であれば，3つの観点からはどのような数学的活動を展開すると期待できるだろうか。

　このような，いわば中等教育の出口を見据えた評価基準を作成するということは，換言すれば社会を見据えた学習とその評価を実施しなければならない，ということでもある。例えば，平成30年改訂学習指導要領数学科の目標に「創造性の基礎を養う」とあるが，ここでの「創造」は文字通りに，まだこの世界で誰も知らない何かを作り上げるための基礎を養うことが意図されていると言えよう。これは，明らかに（高等教育を含めた）社会において

実現されることであり，高等学校において，この意味での創造はほとんどの生徒にとって不可能であり，またほとんどの状況において不適切である。一方で，社会を見据えて評価するということは，数学の外（我々の日常生活や他教科）との接触によってしか評価できない，ということを意味しない。高等学校数学は極めて単純であり，日常生活という複雑な場面を理解するには多くの場合不十分である。後述するように，例えば三角関数の合成という，極めて数学的な探究に制限されている単元においても，社会を見据えた学習と評価は十分可能である。

2．内容からの考察

どのような数学的内容であっても，それ単独では教育的な価値が（少なくとも十分には）付与されていない。したがって，一方に前掲した目標を置きながら，他方で教材が目標に対して実現できる価値を同定する必要がある。

三角関数と直接の関係が深い単元は，数学Ⅰの三角比であるが，そこでのsin/cos/tanは，図形をより効率的に，深く探究するツールとして価値付けることができる。一方，三角関数の単元においては，sin/cos/tanそのものの特徴や成り立つ関係は何か，といったことの追求それ自体を価値づけることが可能であり，この意味でより一層数学的である。生徒にとって図形の計量などでは敢えて使う必要の薄い，三角比の一般角への拡張や，弧度法の導入はその典型であろう。もちろん，三角関数そのものは諸事象や日常生活へ広く応用が可能であるが，少なくとも高等学校数学Ⅱまでに学ぶ範囲は，そうした応用の基礎までに限定されている。ここでは，一度作り上げたツールの性質を，改めて深く探究するということ自体が数学的であり，また社会に対して開かれてもいるのである。例えば，後述する三角関数の合成は，その追求過程が高度に記号を用いた数学的過程であり，同時にフーリエ級数のような応用上重要なツールへの素地（知識面，考え方）でもある。

以上の内容特性を踏まえ，単元冒頭の三角関数の諸性質（$\sin(\theta + \pi) = -\sin\theta$ など）を指導する節における評価基準を作成してみよう。「知識及び技能」という観点からは，これらの諸性質が単位円による三角関数の定義を

論拠として導かれることを理解し，相互に変換することが評価基準となる。一方，「思考・判断・表現」という観点からは，定義を論拠とすることや，導いた諸関係を適切に記号化することが評価基準となる。その上で，主体的に学習に取り組む態度という観点からは，こうした記号化に積極的に関与することはもちろん，一連の諸性質から，今後全ての角の三角関数を，既知の鋭角の範囲の三角比で考察することが可能であることを理解することが評価基準となろう。

　一方，単元の後半では高等学校の目標をほぼ達成した状態であることが，より一層期待される。例えば，三角関数の合成の単元を考えてみよう。「知識及び技能」という観点からは，こうした合成を理解し使いこなすだけではなく，$\sin\theta$ と $\cos\theta$ の定数倍の和という関数が，$\sin\theta$ をグラフ上で平行移動した関数になることを理解することが評価基準となろう。「思考力・判断力・表現力」という観点からは，こうした合成が，加法定理を変形の内に見出すという，極めて意図的な記号の操作によって導かれることから，そのような操作を行おうとした，あるいは行ったということが評価基準となろう。主体的に学習に取り組む観点からは，多くの場合結果がsinになる場合について導入される合成が，これまでの三角関数に関する学習から，合成結果がcosになる場合についても類似して成り立つことを類推したり，証明したりすることが評価基準となろう。sin同士の和，cos同士の和などについて考えようとすることができれば，なお一層望ましい姿として評価することができる。

　このように，内容の理解だけを単純に評価するのではなく，数学教育の目標が資質・能力の形成にあることを念頭に置かなければならない。内容に関する数学的な分析と，目標に関する分析を相互に連関させ，育まれるべき資質・能力が具体的に明らかになった後，初めて評価が可能となるのである。

参考文献

文部科学省 (2016)「平成27年度公立高等学校における教育課程の編成・実施状況調査の結果について」https://www.mext.go.jp/a_menu/shotou/new-cs/1368209.htm（2020年5月15日閲覧).

（早田　透）

Q 28 大規模調査である全国学力・学習状況調査を概説しなさい

1. 全国学力・学習状況調査の概要

　文部科学省は全国学力・学習状況調査を，「義務教育の機会均等とその水準の維持向上の観点から，全国的な児童生徒の学力や学習状況を把握・分析し，教育施策の成果と課題を検証し，その改善を図る」こと，「学校における児童生徒への教育指導の充実や学習状況の改善等に役立てる」こと，さらに，「そのような取組を通じて，教育に関する継続的な検証改善サイクルを確立する」ことを目的に，平成19年度より実施してきた。平成22年度から平成25年度やコロナ禍の影響を受けた年度などを除き，悉皆調査（全数調査）として実施されている。

　本調査は，「教科に関する調査」と「生活習慣や学習環境等に関する質問紙調査」からなる。「教科に関する調査」では，国語と算数・数学は毎年度実施されている。実施時期は学年冒頭で，出題範囲は前学年までに含まれる指導事項を原則としている。出題内容は，身に付けておかなければ後の学年等の学習内容に影響を及ぼす内容や，実生活において不可欠であり常に活用できるようになっていることが望ましい知識・技能等，および，知識・技能を実生活の様々な場面に活用する力や，様々な課題解決のための構想を立て実践し評価・改善する力等である。平成30年度までは，「主として『知識』に関する問題（A）」と「主として『活用』に関する問題（B）」それぞれが，2つの出題内容に対応し，中学校数学科ではそれぞれ「数学A」（45分）と「数学B」（45分）として全国実施された。平成31年度からは，資質・能力の3つの柱は相互に関係し合いながら育成されるという平成29年改訂学習指導要領の考え方の理解を各教育委員会や各学校に促すため，従前の区分による整理を見直し，一体的に調査問題を構成することとなった。そして，調査問題は「単一の設問とした問題」と「複数の設問からなる問題」で「数学」

（50分）で構成されている。また，「生活習慣や学習環境等に関する質問紙調査」は，学習意欲，学習方法，学習環境等に関する「児童生徒に対する調査」と，指導方法に関する取組や人的・物的な教育条件の整備状況等に関する「学校に対する調査」からなる。

　本調査の活用のために，『解説資料』が作成，調査結果が『報告書』にて公表，『授業アイディア例』が提案されている。『報告書』では，各問題について，解答類型と反応率，分析結果と課題，学習指導の改善・充実を図る際のポイント等が記述され，『授業アイディア例』では，調査結果を踏まえた授業のアイディアの一例が，教師と児童生徒の対話として示されている。

2. 全国学力・学習状況調査における中学校数学科の問題作成の枠組み

　全国学力・学習状況調査では，その「問題作成の枠組み」が，平成19年度よりその『解説資料』において一貫して明記されている。ただし，一体的に調査問題が構成された平成31年度の調査に際して，数学的活動における問題発見・解決の過程を踏まえ，従前の「『活用』の問題作成の枠組み」が一部変更され，中学校数学科の「調査問題の枠組み」が新たに示された。

　平成31年度調査における「調査問題の枠組み」は，「数学科の内容（領域）」，「主たる評価の観点」，「文脈や状況」，「数学の問題発見・解決における局面」，「数学的なプロセス」の5つの観点で整理されている。「数学科の内容（領域）」は，中学校数学科における4領域，令和2年度までは「数と式」，「図形」，「関数」，「資料の活用」からなり，「主たる評価の観点」は，観点別評価学習状況の評価の観点，同じく「数学的な見方や考え方」，「数学的な技能」，「数量や図形などについての知識・理解」からなる。これら2つの観点については，平成29年改訂学習指導要領の全面実施に伴い変更されると考えられる。「文脈や状況」は，問題発見・解決の過程と整合的に「日常生活や社会の事象についての考察」と「数学の事象についての考察」に変更された。「数学の問題発見・解決における局面」が，「活用する力」に代わり観点の1つとなり，「Ⅰ事象における問題を数学的に捉えること」，「Ⅱ問題解決に向

けて，構想・見通しを立てることで焦点化した数学の問題を解決すること」，「Ⅲ問題解決の過程や結果を振り返って考察すること」という３つの局面が示された。さらに，各局面に具体的な「数学的なプロセス」が明記された。

　問題の形式は，平成19年度より，選択式，短答式，記述式である。記述式は，説明する内容によって次の３つに整理される。第１に，「見いだした事柄や事実を説明する問題（事柄・事実の説明）」である。これは，考察対象や問題場面について成り立つと予想される事柄や事実を見いだす問題であり，「○○ならば，◇◇になる。」のような形で，「前提（○○）」とそれによって説明される「結論（◇◇）」の両方を記述することを求める。第２に，「事柄を調べる方法や手順を説明する問題（方法・手順の説明）」である。これは，事象について数学的に考察する場面でのアプローチの方法や手順を説明する問題であり，「用いるもの」を明確にした上でその「用い方」を記述することを求める。第３に，「事柄が成り立つ理由を説明する問題（理由の説明）」である。これは，説明すべき事柄についてその根拠と成り立つ事柄を示して理由を説明する問題であり，「○○であるから，△△である。」のような形で，「根拠（○○）」と「成り立つ事柄（△△）」の両方を記述することを求める。

　冒頭に記した目的により，本調査の問題，結果，調査を活用するための参考資料は，公開され，教育委員会関係者がそれを参照することで教員研修を含む地域教育改善政策が計画され，中学校数学科教師が参照することで個別学習指導の改善，工夫が実現している。意図したカリキュラム基準としての学習指導要領，実施したカリキュラムの一つの根拠となる検定教科書，そして実現したカリキュラムを記録する生徒指導要録というアラインメントに対して，全国学力・学習状況調査は，その改善サイクルに寄与している。

参考文献

国立教育政策研究所　教育課程研究センター　「全国学力・学習状況調査」
https://www.nier.go.jp/kaihatsu/zenkokugakuryoku.html（2020年8月20日閲覧）.

（伊藤伸也）

Q 29　国際的な学力調査の内容と結果の活用について解説しなさい

　数学は，個別文化・言語・教育課程などに依存しながらもその内容は普遍的に共有しえる教育内容であるがゆえに，教育の国際比較でも豊かな情報を提供する。日本が参加する国際的学力調査には国際教育到達度評価学会IEAが実施する国際数学・理科教育動向調査TIMSSと経済協力開発機構OECDが実施する生徒の学習到達度調査PISAなどがある。その結果はオンラインで公開されている。直接的には教育改革の根拠資料として活用される。

1．TIMSS とその利用

　IEA（International Association for the Evaluation of Educational Achivment）は，60か国を超える国/地域の教育省関連機関が会員登録する非営利国際学術団体であり，ユネスコの協力機関である。日本では国立教育政策研究所がその会員である。IEAによる第1回調査は1964年数学調査であり，その時の日本の高い達成度が日本の高質教育の象徴とされ，その高質教育が，日本企業が世界を制する原動力とみなされた経過にある。1989年には企業の世界時価総額トップ50社中33社を日本企業が占めたことで，先進国，途上国（今日の新興国を含む）が日本の教育システムに注目する契機ともなった。

　TIMSSの目的は「児童生徒の算数・数学及び理科の教育到達度を国際的な尺度によって測定し，児童生徒の学習環境条件との諸要因との関係を，参加国/地域間における違いを利用して組織的に研究すること」にある。日本では小学校第4学年，中学校第2学年を対象に標本調査している。調査は，中学校数学の場合，問題冊子（生徒:45分×2コマ），生徒質問紙（30分），教師質問紙，学校質問紙，各国代表者のカリキュラム質問紙で構成され，小学校の場合，これに保護者質問紙が加えられる。生徒は，14種の問題冊子から1種を割り当てられて解答する。中学校の場合，45分×2コマで各生徒が解答する問題数は約60題，問題の総出題数は200題を超える。項目反応理論

を利用して比較可能化している。調査問題は一部のみ公開され、調査結果は公表され、データの探究も可能である。例えば、以下で、日本は2003，2007，2011と平均得点が低迷している。なぜだろう。

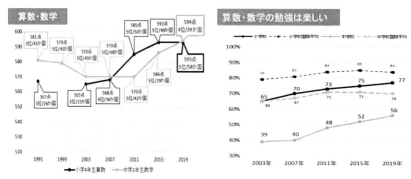

図4-29-1　算数・数学の得点推移　図4-29-2算数・数学の勉強は楽しいか
（出典：文部科学省https://www.nier.go.jp/timss/2019/point.pdf）

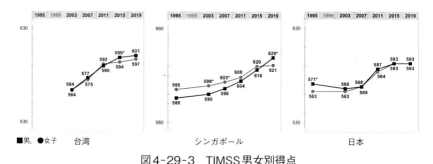

図4-29-3　TIMSS男女別得点
（出典：TIMSS-2019-International-Results-in-Mathematics-and-Science.pdf）

TIMSSのサイトでは、Analyzing Tools と Data Files, International Data Explorer を公開し、誰でも調査結果を探索し研究できるようにしている。

2．PISA調査とその活用

OECDは、2005年にCompetencyを、2018年Education 2030では学び方を獲得した生徒Agencyを提唱するなど、加盟国の経済発展に寄与する教育改革を促進する事業を行っている。その提案と調査は世界の教育改革に影響して

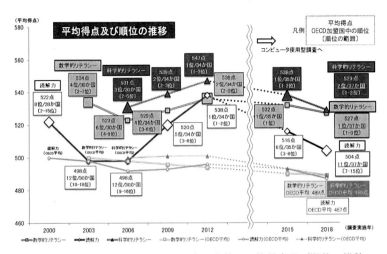

図4-29-4　PISA調査における日本の生徒の平均得点及び順位の推移
(出典：https://www.nier.go.jp/kokusai/pisa/pdf/2018/01_point.pdf)

いる。OECDが実施するPISA調査は，15歳児（日本の場合は高校第1学年）を対象に読解力，数学的リテラシー，科学的リテラシーの3分野について，3年ごとに実施され，加盟国外も参加する標本調査である。調査は問題と生徒質問紙，学校毎の質問紙からなる。特に数学的リテラシーとは「様々な文脈の中で数学的に定式化し，数学を活用し，解釈する個人の能力であり，数学的に推論することや，数学的な概念・手順・事実・ツールを使って事象を記述し，説明し，予測することを含み，個人が現実世界において数学が果たす役割を認識したり，十分な根拠に基づいて建設的で積極的，思慮深く判断・意思決定したりする助けとなる能力」として定義されている。国内報告書が「生きるための知識と技能」と題されるように，数学の場合，公開された調査問題を調べると，小学校から中学校初年級までの学習内容を，学んで3年後に，日常や社会的文脈で活用しえるか，身についているかを調査していると言える。以下はOECD加盟国内の結果で他国を加えると順位は下がる。読解力，科学的リテラシーとの関係も考えさせられる。

（伊藤伸也）

Q 30 思考力等の高次目標とされる資質・能力を評価する方法を調べなさい

　教育目標の3柱，「学びに向かう力，人間性等」，「思考力，判断力，表現力等」，「知識及び技能」において，前の2柱が高次の資質・能力にかかる目標であり，「学びに向かう力」などは主体的・対話的な深い学びを通じた自己肯定感の醸成にもかかる目標である。高等学校学習指導要領数学では，その内容は，「○○について，数学的活動を通して，その有用性を認識するとともに，次の事項を身に付けることができるよう指導する」とした上で，「ア　次のような知識及び技能を身に付ける」「イ　次のような思考力，判断力，表現力等を身に付ける」といった文書形式のもと記載されている。項目イは直接，高次目標にかかる該当記載があるが，「学びに向かう力，人間性等」を記載する項目はない。深読みすれば，「数学的活動を通して，その有用性を認識する」が該当する。「学びに向かう力」を内容として，誰が読んでもそれとわかる形で短文記載することは難しい。他方，生徒指導要録の「観点別評価」では，それは「主体的に学習に取り組む態度」と言い換えられ，三段階評定する。ここで「態度」とは，主体的に数学的活動を進めようとするMind setであろう。教師はその評価基準を定める必要がある。別に議論されているように，ここで評価とは指導としての評価と評定，また生徒の自己評価である。

1. まずは評価対象を特定する

　数学的な考え方や数学的活動は内容に取り組む際になされるもので，内容と切り分けて記述することは困難である。それをあえて評価対象として分析的に切り分けるならば，「主体的に数学的活動を進めようとする態度」とは，旧来の言葉では関心・意欲，認知と情意で言えば情意，最近の言葉で言えば非認知的能力で表される対象である。そこで注目される態度は，数学的活動に取り組む中で，生徒の数学学習観，数学観，自己肯定観などに準じて，自

身の活動を自己評価する中で発露するものと言える。もっとも，教師側からすれば，生徒の数学学習観，数学観，自己肯定観は，教師の願う目標のもとで，醸成していくものである。その自己評価の背後にある生徒の学習観，数学観，自己肯定観は，学習指導過程では態度として発露していることに気づき，数学的活動の仕方やそのよさを指導することが期待される。

　生徒の学習観，数学観，自己肯定観を問う質問紙は，例えば第2回国際数学教育調査最終報告書などに掲載されている。記述に対し5段階で自身の度合いを選択する形式での質問紙であり，以下，一部抜粋する。項目「数学と私」では「数学ができるようになりたいと本当に思っています」「自分で数学がとけたときはうれしい気持ちになります」「難しい数学の問題をあたえられるとファイトがわきます」「数学が私にとって，他の人の場合よりもむずかしいものです」などで，その度合いを選ぶ。項目「数学不安」では「数学の授業を受けなければならないときは寒気がします」「問題がわからないときは，迷路に迷って出口が見つからないときのような感じがします」「数学は面白いとおもいます」などがある。「数学の本性」では「数学は，自分で新しいことを考えていこうとする人にとって適した学問です」「数学の問題を解くのに，新しい考えが入る余地はほとんどありません」「数学では，たえず新発見がおこなわれている」「数学を勉強すると，厳密な規則にしたがって考えることができるようになります」「ほとんどの数学の問題には，いろいろな解き方があります」「うまくいかなったら別の方法でやり直すというやり方（試行錯誤）は，数学の問題を解くのによく使われます」などがある。「数学と社会」では「日常の問題を解決するのに数学が役立ちます」などがある。これら質問に象徴される生徒自身の数学学習観，数学観，自己肯定観などが，よりポジティブに変わるように数学的活動を計画し，指導するのが教師である。その計画を担う教師がみとる評価の対象が，生徒の数学的活動として指導過程や評定に際して発露する態度である。

2．評価方法を具体化する

　指導としての評価から述べる。日常の学習指導過程では，発問に対する生

徒の反応をみとる，机間指導で問いに対する取り組みをみとる，話し合いの様子をみとるなどは，最も基本的な方法である。みとる意図は自身の指導へのフィードバック，生徒へのフィードバックを行うことにある。例えば，礒田・阿部 (1994) は，顔をみればわかる評価の重要性を指摘している：ある生徒の教壇上での説明に対し，不安顔の生徒をみとった教師が「わかった人？」と発話する。半数以上挙手する状況をみとり，「もうちょっとわかりやすく説明できる人？」，挙手がないので教師が問答式に「2:1 って何ですか」「じゃなんで重心なら」と続ける。その後，質問をする生徒が出る。この流れの中で，生徒の反応に注目する。教師の発話「わかった人？」に挙手した生徒の中で，挙手直後に，教師の追加説明を聞かずおしゃべりをはじめる生徒がいる，教師の説明を真剣に追う表情の生徒がいる，質問せんと挙手する生徒がいる。その生徒の姿（態度）の違いの背後には，「わかれば数学学習は終わり VS 発展し続ければこそ数学」という数学観の違いがある。前者は否定されないが，教師が育てたいのは後者の姿である。であれば，何を生徒にフィードバックすればよいだろう。そのフィードバックが指導としての評価である。授業で行った数学的活動の内容，考え方や学んだことのよさ・美しさにかかる学習感想を折々にノートに記すことを求める，次の授業では何をどう改善したいのかを記すようにし，それを教師が読み，言葉がけして返すのも方法となる。

　評定に際しての資料は，日常の指導と評価の記録簿と定期考査である。全国学力・学習状況調査や大学入学共通テストに見る出題形式には，一般化，拡張，帰納，類推，数学化，反例など数学的な考え方を確認する問いや，他者の説明が演繹的にみて適切か，変数の範囲が条件として考慮されているかなど，様々ある。それは数学的活動の中で数学的な考え方を評価することに注目した設題であるが，それを実行できたことは態度の評価にも通ずる。

（伊藤伸也）

第5章

数学的な見方・考え方と態度

Q 31　数学的な見方・考え方および態度とは何かを述べなさい

本項では，数学的な見方・考え方の序論として，その歴史的起源と，平成29，30年告示学習指導要領の解説について概観する。その後，数学的な見方・考え方の意味を分析的に考察する。

1．学習指導要領における数学的な見方・考え方，態度の出現

考え方は，戦前には生徒向けの参考書などにみられた指導上の用語である。教育目標としての明文化は，昭和20年代，占領下の教育課程で導入された用語「活動」を，数学科として強化する主旨から生まれたといわれる（中島，1982/2015）。数学的な見方・考え方，態度が目標として明文化されるのは，昭和31年改訂版高等学校学習指導要領数学科編からである。数学科の目標の1つとして，「数学的な物の見方，考え方の意義を知るとともに，これらに基づいてものごとを的確に処理する能力と態度とを身につける」ことが示された。当時，この数学的な考え方の内容を具体的に例示するために，「中心概念」という用語が用いられた。数学Ⅰを例にすると，数学Ⅰは代数的内容と幾何的内容から構成されており，「代数的内容および幾何的内容を通して一般化すべき数学的な考え方を，中心概念として例示する」とされた。例示された中心概念は，概念を記号で表すこと，概念・法則などを拡張すること，演繹的な推論によって知識を体系だてること，対応関係・依存関係をとらえること，式や図形について不変性を見いだすこと，解析的方法と図形的方法の関連，函数のグラフであった。拡張の原理とは形式不易の原理のことである。以後，数学的な見方・考え方，態度の育成は，数学科の目標とみなされるようになった。

特に，昭和40年代には，その詳細が小学校，中学校教材を例に研究され，出版された。研究者による語用に相違があり，考え方という1語に見方，態度を含める場合も多い。当時の議論を，仮に簡潔に区別すれば，見方（see as）は，個別数学内容に固有な直観や洞察に依拠してなされる。例えば，直角は，初等幾何では作図手順で表象され，解析幾何では傾きの積−1で，ベクトルでは内積0で表象される。そこでの作図方針とそれぞれの式変形方針は異なる。見方は，内容に依存するのである。考え方は，数学の個別内容を超え，数学を生み出す際に共通に利用される思考法を括ったもので，類推・演繹・帰納，一般化や拡張，表現変更や記号化などが該当する。片桐（1988/2017）は，態度を数学的な見方・考え方の原動力（Driving Force）と位置づけた。態度をMindsetと解すれば，考え方は，普遍性を追究する数学的価値に支えられる。

2．平成29, 30年告示学習指導要領における見方・考え方，態度

　平成29, 30年告示の学習指導要領では，算数・数学科の目標の冒頭で数学的な見方・考え方が記された。中学校数学科の場合，数学的な見方とは「事象を数量や図形及びそれらの関係についての概念等に着目してその特徴や本質を捉えること」，数学的な考え方とは「目的に応じて数，式，図，表，グラフ等を活用しつつ，論理的に考え，問題解決の過程を振り返るなどして既習の知識及び技能を関連付けながら，統合的・発展的に考えること」，数学的な見方・考え方とは「事象を，数量や図形及びそれらの関係などに着目して捉え，論理的，統合的・発展的に考えること」である。小学校算数科の解説では「論理的に」が「根拠を基に筋道を立てて」とされており，高等学校数学科の解説では「体系的に考えること」が加えられる。これらの記述は数学的活動として見方・考え方を表したものであり，学習が進むに連れ数学的な見方・考え方を質的に高めることを求めたものである。数学的な態度に関しては，資質・能力の1つの柱である「学びに向かう力，人間性等」にその具体が見られる。中学校数学科の解説では，「数学的活動の楽しさや数学のよさを実感して粘り強く考え，数学を生活や学習に生かそうとする態度，問題解決の過程を振り返って評価・改善しようとする態度」としている。「しようとする態度」とは，上記で言うMindsetである。

3. 目標としての数学的な見方・考え方の分析的検討

　学習指導要領解説における数学的な見方・考え方は，文節に分けて解釈することができる。まず第一に事象を数理的に捉えることである。ここで事象には現実事象と数学事象があり，数理的に捉えるとは数学上既知の形式に依拠することである。前者の場合，例えば，紙の枚数を重さで推定する場合，実際には紙の重さが異なるとしても，理想化し，重さは枚数に比例すると見なす。そうすることで数学的な処理が可能となり，重さを測れば枚数を推定することができる。数学事象を数理的にとらえるとは，0を含まない自然数で成り立つ指数法則を，整数でも仮に成り立つみなして，どのような計算であるかを考えてみることである。

　第二は論理的に考えることである。論理的な推論には演繹，帰納，類推がある。帰納は，例えば，いくつかの三角形について内角の大きさを測った後，その結果から一般に三角形の内角の和は180度であることを推測することである。演繹は，その推測が成り立つ理由を，平行線において錯角が等しいことを根拠として説明することが該当する。類推は，多角形において頂点の数が増えると内角の和が増えることから，外角の和も同様に増えると予想することである。数学上，帰納と類推，演繹は，新しい性質を予想する際に利用される推論であり，中でも演繹はその性質を体系に位置づける方法である。

　第三は統合的・発展的に考察することである。発展的に考察するための1つの方法として，問題の条件を変えてその帰結を探究することが挙げられる。統合的な考察に関しては，中島（1982/2015）が，その典型として，集合による統合，拡張による統合，補完による統合の3つを示している。

参考文献

片桐重男（2017）『数学的な考え方の具体化（数学的な考え方・態度とその指導1）（復刻版）』明治図書出版（原著出版1988年）.

中島健三（2015）『算数・数学教育と数学的な考え方 ― その進展のための考察（復刻版）』東洋館出版社（原著出版1982年）.

（小松孝太郎）

Q 32　中学校数学科の問題解決において数学的な見方・考え方が働く場面を示しなさい。

1．問題解決の種類

　平成29年告示学習指導要領の解説では，問題解決の出発点が現実の世界と数学の世界のどちらにあるかに応じて，問題解決の過程が大別されている。前者は，「日常生活や社会の事象を数理的に捉え，数学的に表現・処理し，問題を解決し，解決過程を振り返り得られた結果の意味を考察する過程」である。後者は，「数学の事象から問題を見いだし，数学的な推論などによって問題を解決し，解決の過程や結果を振り返って統合的・発展的に考察する過程」である。それぞれの過程で働く数学的な見方・考え方を例示的に考察する。

2．日常の事象や社会の事象から問題を見いだし解決する活動

　視力を測る際，Cの形をしたランドルト環を用いる。一般的な視力検査表では，0.1から2.0までの視力を測定することができる。これを利用して，それ以外の視力数値を測る視力検査表は作れるかという問いが生じる。ランドルト環を観察するとすべて相似形であることから，ランドルト環の切れ目の長さ（幅）を測り，その結果から何か手がかりが得られないか考える。

　表（差分）を観察すると，長さの短くなる値は一定ではないため，視力と長さは1次関数の関係にはないことがわかる。表の左端・右端に注目すると視力と長さの積が0.15前後になることや，視力が2倍，3倍，4倍，…になると，それに対応する長さがおよそ1/2倍，1/3倍，1/4倍，…になっているこ

表5-32-1　ランドルト環（5m用）の切れ目の長さ（cm）

視力	0.1	0.2	0.3	0.4	0.5	0.8	1.0	1.5
長さ	1.5	0.7~0.8	0.5	0.4	0.3	0.2	0.1~0.2	0.1

とに気づき，視力と長さの間には反比例の関係があると推測できる。改めて，視力をx，長さをyとし，y = 1.5/xであると仮定すれば，この式を利用して新しい視力検査表を作ることができる。

　ここでは，数理的に捉えようとして一次関数，反比例が当てはまるか検討している。内容に依存しない考え方としては，数量間の変化や対応の規則性に着目して問題を解決する「関数の考え」と呼ぶことができる。発展としては，平面上で奥行きを描くにはどうすればよいか（透視図法）を問題にしえる。

３．数学の事象から問題を見いだし解決する活動

　星形五角形をいくつか描き，その先端の角（以下，内角とする）を測ると，内角の和は180°で一定となると推測される。この推測は様々な方法で証明することができる。図5-32-1右は，他の二つと比べて煩雑な考え方ではあるが，外側にある三角形の内角の和の総計（180 × 5）から，内側にある五角形の外角の和の二つ分（360 × 2）を引いて求めたものである。

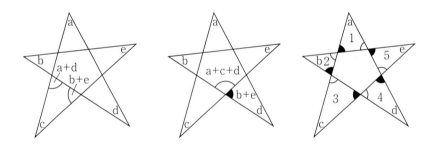

図5-32-1　星形五角形の内角の和

　発展的な考察として，頂点の数を増やした場合について探究することが考えられる。様々な星形多角形の図を描くと，頂点の数が偶数の場合には簡単に求められることがわかる。例えば，星形六角形は二つの三角形から構成されていることから，その内角の和は360°となる。

　頂点の数が奇数の場合については，星形五角形の内角の和と，頂点の数が偶数の場合の結果から，星形七角形の場合は540°，星形九角形の場合は900°

となることが予想される。これらの予想を証明することは容易ではないが、星形五角形の際に煩雑なものと見なされていた図5-32-1右のアイディアを活用することで、それぞれ $180 \times 7 - 360 \times 2 = 540$、$180 \times 9 - 360 \times 2 = 900$ と導くことができる（図5-32-2左、中央）。

これまでの考察を振り返ると、頂点の数が1増えると内角の和が180°ずつ増えるという結果がわかる。しかし、なぜその結果が成り立つのかという理由まではわからない。それは、頂点の数が偶数の場合と奇数の場合とで分けて考えているからである。

そこで、図5-32-2右のように考えると、頂点の数が偶数の場合と奇数の場合を統合することができる。それにより、頂点の数が1増えるとなぜ内角の和が180°ずつ増えるのかは、外側の三角形の数が1つ増えること、三角形の内角の和が180°であること、そして多角形の外角の和は一定であることからという洞察が得られる。さらに、星形n角形の内角の和を $180n - 360$ と表し、その式の意味についても理解することができるようになる。図5-32-1右のアイディアは、こうした洞察をもたらすものとして再評価される。さらなる発展、統合として、頂点の取り方を変えて探究することも考えられる。

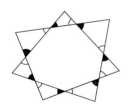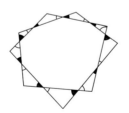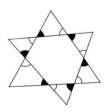

図5-32-2　星形多角形の内角の和

問題の条件を変えて発展的に考えることで、様々な結果を得ることができる。それ自体、価値のある活動であるが、さらにその得られた様々な結果を統合することで、より理解を深めることが大切である。

（小松孝太郎）

Q33 高等学校数学科の問題解決において数学的な見方・考え方が働く場面を示しなさい

1. 図の変形による発展的な考察

　図形の証明問題では，証明の対象となる事柄が，ある図に即して述べられることが多い。このとき，事柄の条件は変えずに図を変形することで，発展的に考察することができる場合がある。

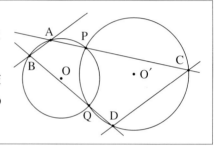

　図のように，2つの円O，O′が2点P，Qで交わっている。円O上に2点A，Bをとり，直線APと円O′の交点をC，直線BQと円O′の交点をDとする。このとき，AB//CDであることを証明しなさい。

図5-33-1　図の付された証明問題

　証明は一般に仮定から結論に向かう前向きの推論で構成され，これは総合的な推論と呼ばれる。一方，証明を構想するためには，結論から仮定へ向かう後向きの推論も有効である。これは解析的な推論と呼ばれ，証明の構想における数学的な考え方として重要である。上記の問題であれば，AB//CDを導くためには何を示せばよいかを考えることである。補助線PQを引き，円に内接する四角形の性質を2回用いれば証明することができる。

　ここで，点Aを円O上で色々な位置に動かすと，様々な図が得られる。このとき，GeoGebra等の動的幾何ソフトウェアを利用することが有効である。例えば，図5-33-2左の場合，上記の証明は成り立たなくなる。しかし，AB//CDは成り立つように見え，円周角の定理を用いれば証明することができる。

　図5-33-2右は，点A，Bが一致する場合であり，本来であれば直線ABは存在しない。しかし，図の連続性から接線を想定することが考えられ，実際，

接線とすれば接弦定理を用いて結論を導くことができる。条件を満たさない場合も，考察の対象外とするのではなく，統合を試みることが大切である。

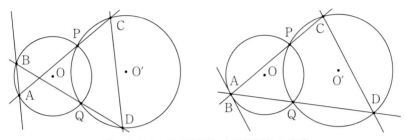

図5-33-2　図の変形による発展的な考察

2．入試問題の条件変えによる発展的な考察

　大学入試の実施には様々な目的があるが，出題者は数学の面白さを問題に埋め込むことを心がけている。したがって，普段の授業でも，入試問題を扱ってその面白さを生徒が実感できるようにするとともに，課題学習等で入試問題をさらに発展させて考察する機会を設けることも心がけたい。

　京都大学でかつて「tan1°は有理数か」という入試問題が出題されたことがある。結論から言えばtan1°は無理数であり，これは背理法によって証明することができる。無理数は「有理数でない実数」として定義されており，背理法は「ない」を証明する際に有効な証明方法である。こうした内容知や方法知があれば，証明の見通しが得られる。

　証明としては，tan1°を有理数と仮定すると，加法定理を使ってtan2° $= \frac{2\tan 1°}{1-\tan^2 1°}$ より，tan2°は有理数となる。同様に加法定理を用いていけばtan30°も有理数となるが，これはtan30° $= \frac{\sqrt{3}}{3}$ に矛盾する。よって，tan1°は無理数である。2倍角の公式を併用しても証明できる。

　この問題の条件を変えて，sin1°やcos1°について考察する。sin1°を有理数と仮定して，正弦の加法定理や2倍角の公式を使おうとすると，いずれも余弦が出てくるため頓挫する。cos1°についても同様である。余弦の2倍角の公式は余弦のみで表現することも可能なため，一見有用に思えるが，その

後に無理数の$\cos 30°$に結びつける際にやはり加法定理が必要となる。つまり，$\sin 1°$と$\cos 1°$がともに有理数であると仮定すると矛盾を導くことができるが，それによって得られる結論は，論理的には$\sin 1°$または$\cos 1°$が無理数であるということになる。

　ここで，あらためて原題を振り返ると，原題を解決できたのは，正接の加法定理が正接のみで構成されていたからであることがわかる。言われれば当然のことであるが，普段は意識する機会がなく，発展的に考えたからこそ自覚化できることである。

　一般に，Aをよりよく理解するためには，non-Aとの比較が重要である。発展的に考えることの教育的価値には，新たな結果を生む創造的な点があるが，それとともに（たとえ新たな結果が生まれなくても）元々の理解が深まる点も大切にしたい。さらにAとnon-Aが統合できれば，より理解を深めることができる。上記の活動の続きとしては，正弦あるいは余弦だけで表現できる式を自ら作り出すことが考えられる。

３．導入における数学的な考え方

　２次関数は，一般に，$y = ax^2$, $y = ax^2 + q$, $y = a(x - p)^2$, $y = a(x - p)^2 + q$, $y = ax^2 + bx + c$の順に導入される。しかし，式の形としては，３番目の式には括弧があり，未習の生徒からすれば２番目から３番目の展開は不自然である。そこで，２番目の後に，例えば$y = x^2 - 4x + 4$を扱うことが考えられる。それまでと同様，xにいくつか値を代入し，表を作成してグラフを描くが，表の作成が煩雑であることに気づく。その煩雑さは式にxが２つあるからであり，より簡潔にするために因数分解を行う。それによって，グラフが$y = x^2$のグラフをx軸方向に２だけ平行移動したものであることも読みとることができる。このように，変化する部分を少なくして問題解決を図ろうとすることも，数学的な考え方として重要である。以降は，一般の$y = ax^2 + bx + c$を扱い，同様の着想から$y = a(x - p)^2 + q$に結びつけることが考えられる。

（小松孝太郎）

Q 34　小学校から高等学校までの数の拡張の系統を概説し，そこで働く数学的な見方・考え方を示しなさい

1．数の系統

　数の系統は，0以上の有理数を学んでから，負の数を学んで改めて整数と有理数を捉え直し，その後に無理数を学ぶことで実数，さらに虚数単位を学んで複素数まで拡張するという順序で表すことができる。

　算数・数学の学習において数の系統は，数の存在性・必要性を「生活世界」に求める段階から「数学世界」に求める段階へと移行していくようにまとめられている。例えば，有理数の存在性・必要性の認識においては「日常生活で扱う量」による数の意味づけが強調され（杉山，2008），小学校ではものの個数と長さやかさなどの測定量から量的な意味づけをして「生活世界」に数の必要性を求める。一方で中学校から高等学校にかけては，数の存在性・必要性が徐々に「数学世界」に求められるようになる。例えば無理数を導入して数を実数まで拡張する際には，無理数の存在性・必要性を認識するのに「方程式の解」という見方が加えられ，辺の長さを表す量として正の平方根を認識させるとともに，正方形の求積公式から二次方程式の解としても認識させる。また高等学校における数の範囲は，二次方程式の解をすべて表すために，虚数単位を導入して複素数まで拡張する。さらに実数は複素数の特別な場合として捉え直されて，実数ではない複素数を虚数と定義する。

　このような数の範囲の拡張には，数の大小（順序）関係・演算・集合としての包摂が閉じているかどうかという見方が重要な背景となっている。例えば高等学校までの数の系統において複素数を導入した際に「数の集合が大小（順序）関係を持つかどうか」は，実数までと決定的に異なる。全順序集合（ある順序関係を定義でき，集合の任意の2つの要素 $x,\ y$ の間には，$x<y$，$x=y$，$x>y$ のいずれかが成り立つ）となる場合に数の集合に対して大小関係が成り立つが，複素数は全順序集合ではなく順序体ではないため，複素数

体は和と積の定義においてそれまでの数の集合の形式が保たれない。

２．数の系統における数学的な見方・考え方

平成29年改訂中学校学習指導要領では「数の範囲の拡張と数の概念を理解すること」および「新しく導入された数の四則計算の意味を理解し，それらの数を用いて表したり処理したりすること」が重視された。数の集合と四則計算の可能性や統合性を検討して考察すること並びに数の四則計算の意味理解とその活用を通して数の系統を捉える必要がある。

（１）数の集合と四則計算の可能性・統合性

自然数，整数，そして有理数の集合は，四則計算による考察（数の集合が加減乗除に閉じているか否か）によって，徐々に体系的に理解される。有理数は加減乗除に閉じているので有理数は加減乗除に閉じているので，これ以上新しい数の必要性は認められない。そこで，無理数からは加減乗除を結合法則，交換法則，分配法則が成り立つ形で定義し直すことになる。この３つの法則は整数から有理数を考えたり，自然数から負の数を考えたりした際も一貫して維持されてきた原理である。このような法則・原理を規範的に用いて数の集合を拡張していくとき，その原理を「形式不易の原理」という。

しかし，原理的な数概念の形成は大学数学で明確になされている。例えば，中学３年生の平方根の四則計算では「$\sqrt{2}$，$\sqrt{5}$ の近似値からおよその $\sqrt{2} \times \sqrt{5}$ の値をだしてみましょう。またその値を $\sqrt{10}$ の値と比べましょう」という問題に対し，近似値を出して積の検討をつけ，$(\sqrt{2} \times \sqrt{5})^2 = (\sqrt{2} \times \sqrt{5}) \times (\sqrt{2} \times \sqrt{5}) = \sqrt{2} \times \sqrt{2} \times \sqrt{5} \times \sqrt{5} = 2 \times 5$ によって $\sqrt{2} \times \sqrt{5} = \sqrt{(2 \times 5)}$ を示すが，ここでは暗黙に乗法の結合法則や交換法則が用いられているに過ぎず，これらの法則が数の範囲の拡張に一貫する原理として生徒に認識されているとは言い難いだろう。数の範囲の拡張の際に，既知の数の集合を新しい数の集合の作られかたに即して捉え直し，既知の数の範囲の拡張の仕方も見直すという考え方が重要である。

（2）数の集合と四則計算の意味理解および活用・探究

数の範囲を拡張したとき，問題解決の場面において新しく導入された数やその存在条件を活用・探究したりすることも重要である。例えば「方眼用紙の格子点上にとった点を結んで正三角形ができるか」という問題を考えてみよう。最初は，格子点を結んで実際に正三角形がかけ

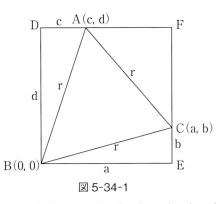

図 5-34-1

そうか否かを試行錯誤するだろうが，三角形の頂点を A(c, d)，B(0, 0)，C(a, b)とおくと，図5-34-1のように△ABCを含む四角形DBFGを考えることができる。また正三角形の一辺の長さは$r = a^2 + b^2$，△ABCの高さは$\frac{\sqrt{3}\,r}{2}$と表すことができる。このとき，a，b，c，dがすべて有理数になる組み合わせがあれば，正三角形がかける。しかし，四角形DBEFの面積を$ad = \frac{ab}{2} + \frac{cd}{2} + \frac{(a-c)(d-b)}{2} + \frac{r^2\sqrt{3}}{2}$として，整理すると，$\frac{2(ad - bc)}{a^2 + b^2} = \sqrt{3}$（＊）となる。a，b，c，dがすべて有理数であると仮定したとき，＊式を満たすケースはなく，格子点上にとった点を結んで正三角形はかけない。これは有理数の性質を背景に「格子点を利用して正三角形をかく」という事象を数学化する問題で，発展として正n角形を考えることもできる。

　数についての四則計算の意味を理解するとともに，それらの数によってより広範な事象を一般的かつ明確に表して計算をしたり，事象の成り立ちを探究したりする。これらのことは，数学学習全般に関わる基礎的な知識及び技能としても重要である。

参考文献

杉山吉茂（2008）「第Ⅱ部1章　数」杉山吉茂・澤田利夫・橋本吉彦・町田彰一郎編『講座教科教育　数学科教育 ― 中学・高校』第一版第七刷，学文社．

（渡邊慶子）

Q35 小学校から高等学校までの図形の系統を概説し, そこで働く数学的な見方・考え方を示しなさい

1. 図形の系統

　図形の指導は, 身の回りの形を図形とみなし, 図形の弁別を通して図形概念を形成していくとともに, 辺や角の位置関係とそれらの大きさの相等関係・の把握などの直観幾何からはじまる。その後, 作図を通して図形の構成に着目し局所的な論証を積み重ねながら, 数学的手法に帰着して図形を考察し, さらに図形の認識の仕方を振り返って平面や空間そのものを考察するようになる。小学校では個別の図形に焦点を当て, 中学校では図形から徐々に平面・空間幾何に入っていき, 高等学校で平面や空間を考察していく。

2. 図形の系統における数学的な見方・考え方

(1) 図形の概念, 図形の性質や関係
　図形の系統は, 身の回りにあるものの形から認識水準を移行させて図形の論理形成にまで到達するような流れに基づいている。まず, 身の回りの具体物を形として抽象し, 辺や角の性質に着目して図形を観察して, 図形を特徴付ける複数の性質を並列に並べる。次に, 性質間に順序をつけて命題で図形を考察したり, 真の命題の逆命題が真とは限らないことを理解したりする。そして, 命題の妥当性を明らかにするために論証を組み立ててその正しさを検討する。

(2) 論理的な考察と表現
　図形は, 定理の導出と証明の必要性, 証明の構成, そして証明の活用・評価を介して論理的に考察される。証明を構成する際は, 総合と解析の考え方を上手く相互に取り扱っていくことが重要である (岡崎, 2014)。総合とはすでに真と認められた事柄から出発し, 推論を連鎖させて結論まで達する考え方であり, 解析とは結論として示された事柄が成り立つと仮定して前提か

ら結論を導く方法を見出そうとする考え方である。

　さらに，証明の活用や評価に関しては，平成20年改訂学習指導要領から証明を読む活動の重要性が強調され，証明の仕組みの理解だけでなく，平行線の性質や三角形の合同条件の意味理解を促している。例えば，ユークリッドによる三平方の定理の幾何的証明法（図5-35-1）には種々の図形の系統を見ることができる。具体的には，図形の計量，分解，等積変形，合同などである。

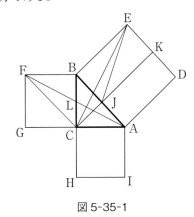

図 5-35-1

その他，既に真偽を明らかにした命題の逆命題の真偽の証明や命題が偽であることの証明なども図形を論理的に考察することにつながる。平成29年改訂学習指導要領では，用語「反例」が中学2年生で新規に指導されることになり，証明の組み立て方の理解とともに，命題が偽である場合の証明も重視されている。

（3）平面と空間を連動させる移動，運動の見方・考え方とその表現

　図形の見方・考え方として次の2通りが挙げられる。1つは図形を観察してその特徴を捉える直観幾何的な静的見方，もう1つは図形の点，線，面の移動，運動とその軌跡によって図形を捉える動的見方である。例えば2つの図形が合同であることを「かたちも大きさも同じ」と捉えるのは静的見方で，「ぴったり重ねられる」と捉えるのは動的見方である。

　特に，移動，運動による動的見方では，直観幾何的に捉えてきた

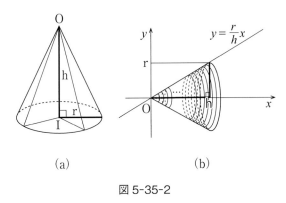

(a)　　　　　　　　(b)

図 5-35-2

図形そのものよりもその図形の動かし方に注意を向けて図形を捉え直すことになる（平林，2006）。実際には小学校での「ぴったり重ねる」操作を平面上の平行移動（ずらす），回転移動（まわす），対称移動（裏返す）と捉え直し，それに変換群の概念を導入して合同変換として捉える。合同は相似の特別な場合としても解釈されるが，それは合同変換の集合が反射性，対称性，推移性の全てを持つ群で相似変換群に含まれるためである。

　また中学校では，線や面の広がり・交わりなどの組み合わせとして図形を空間内で捉え直すために移動，運動の見方が徐々に導入され始める。例えば，中学１年生では円錐を，直角三角形（長さhとrの線分で直角をつくる三角形）を直線ℓを軸として１回転させた回転体と捉える（図5-35-2 (a)）。その後，高等学校では何をどのように空間内に位置付けて動かしたのかに着目してグラフや式で表現し，図形の解析的・位相的な考察が式変形などを通してできるようになる。例えば，回転体としてみた円錐（高さh，底面の半径r）を空間内にx軸とy軸で位置付ける（図5-33-2 (b)）と，直角三角形は直線$y=\dfrac{r}{h}x$と直線$x=h$およびx軸で囲まれた部分と表現できる。この部分を，x軸で１回転させた回転体が円錐となる。このとき図5-33-2 (a) で回転させた直角三角形は，直線$y=\dfrac{r}{h}x$に沿って変化する直線$y=\dfrac{r}{h}x$とx軸の距離を表す線分の積み上げとして捉え直される。この線分の積み上げを0からhの微小区間で表せば，円錐は空間内で積分の見方で捉えられ，円錐の体積Vは定積分$\left(V=\pi\displaystyle\int_0^h\left(\dfrac{r}{h}x\right)^2dx=\dfrac{1}{3}\pi r^2h\right)$で求めることが可能となる。このように移動，運動は代数や解析などの数学的手法によって図形の構図を空間内で捉え直したり，変形や計量をより扱いやすく表現したりできる見方といえる。

参考文献

岡崎正和（2014）「第5章中学校『図形』領域の学習指導」小山正孝編『教師教育講座第　第14巻　中等数学教育』協同出版.

平林一榮（2006）『算数指導が楽しくなる小学校教師の数学体験』黎明書房.

（渡邊慶子）

Q 36　小学校から高等学校までの関数の系統を概説し，そこで働く数学的な見方・考え方を示しなさい

１．関数の系統

　関数の系統は，伴って変わる２つの量への着目から「比例」と「反比例」を指導し，関数の観点から再び「比例」を捉え直させた後に，一次関数，二次関数を表，グラフ，式によって考察させるという順序で成り立つ。さらに，関数は三角関数，指数関数，対数関数，三次以上の高次の関数などに触れられながら，表やグラフ，式で様々に表現されるとともに微分・積分の考えに基づいて深く考察されていく。

（１）関数の定義の仕方と代数的または幾何的な表現

　「関数」の定義は，対応という言葉を使えば「２つの集合Ａ，Ｂがあって，集合Ａの要素を１つ定めるとき，集合Ａから集合Ｂへの写像ｆ（対応の規則，または対応）が一意対応であるときのｆを関数という」となる。したがって「yは，xの２倍である（一対一対応）」や「xは，xの平方である（多対一対応）」は一意対応となるのでxはxの関数といえるが，「x, xの平方根である（一対多対応）」や「xはxの約数である（多対多対応）」は関数としない。特に，具体的な２数の関係の例を出しながら「関数」ということばが指す適応範囲を明らかにする必要がある。

　実際に「関数」は小学校から中学校，高等学校にかけて再定義を繰り返す。例えば小学校算数科で学習される「比例」は中学校数学科で「関数」が定義された後に定義し直される。具体的には，小学校では「２つの変わる量□と○があって，□が２倍，３倍…になると，○も２倍，３倍となるとき，○は□に比例する」と倍概念に基づいて定義するが，中学１年生では「yがxの関数で，$x = ax$のような式で表されるとき，yはxに比例するという」と対応関係に基づいて定義し直す。この際，「比例であれば変化の割合は一定でグラフは一直線で表されるが，その逆は必ずしも成り立たない」など既習

の関数関係をより深く理解し直すことが重要である。

　また，関数は常に式とグラフの違いによっても特徴づけられている。例えば，一次関数は一般式「$y = ax + b$」でグラフは直線で表されることに特徴がある。二次関数と比較すれば，式は変数xの次数と係数の個数が１つ少ない。グラフの概形は，二次関数は放物線で直線とは異なる。式の違いは代数的表現の違いで，方程式の解に関連して関数関係を考察することができる。また，グラフの概形の違いは幾何的表現の違いで，例えば放物線も焦点と準線によって定まるグラフ上の点の軌跡としてとらえ直すこともできる。

（2）導関数による関数の考察

　中学校以降の関数は，未知の関係を既知の関係に沿って考察するために式の次数を下げることが多い。例えば，一次関数はどの区間をとっても変化の割合は一定であるが，関数$y = ax^2$は区間によって異なり一定ではない。微分法では，変化の割合として現れる関数を「導関数」として捉え直し，変数xの区間で場合分けをして区間を決める。この見方は微分法という関数の捉えとして高等学校で明確に確立される。そのほか，微積分的な関数の捉えは「速度と加速度」や「平均の速さと瞬間の速さ」などの物理的問題に直結する言葉で表現され，小学校での「速さ」の意味を捉え直させるとともに，他分野へも広く応用されている。

２．関数の系統における数学的な見方・考え方

　一般に関数関係を目で見ることはできない。そこで，表，式，グラフを用いて２つの数量の変化や対応の特徴を見いだす。この際，表，式，グラフを相互に関連づけて考察することによって，日常生活の世界における数量の関係を数学の世界において考察することが可能になる。さらに，数学的事象を関数の捉えから考察し，解釈し直すことができる。

（1）表，式，グラフを相互に関連づけて日常生活場面を考察する

　日常生活の事象を表やグラフ，式に表すだけでなく，それらの数学的表現を相互に関連付けることは実感を伴って関数を学ぶために重要である。例えば，中学２年生の一次関数では「Aさんが家を出て図書館に立ち寄り，その

後公園に到着した」ときのＡさんの動きをグラフで表し，xとyの変域を場合分けして式表現する（図5-36-1）。

このとき「図書館に立ち寄る」という日常生活の事象を時間は変化するが距離は変わらないと捉える。それをグラフではx軸に平行な直線（線分）で表すが，0分からグラフを指でなぞりながら生徒に今の状況を自分の動きで表

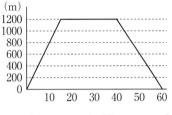

図5-36-1（一松ほか，2015）

現するようにいうと，x軸に平行な直線部分で「（ペースを落として）歩き続ける」生徒がいる。正解は「歩みをとめる」ことであり，事象を表に整理した際の数量の変化の様子や式で表現する際の場合分けの必要性に関わらせてグラフを読解すると正解が得られる。

（2）数や図形に関わる数学的事象を関数の捉えから考察する

　数や図形に関わる数学的事象を関数的に考察して理解することは重要である。方程式の解の存在性あるいはその値を明らかにしたり，図形の変形や移動を考察したりする際に関数の捉えは欠かせない。しかし微積分をしてグラフの概形が描けても，「何を表現した関数を微分したのか」「どうして二階微分したのか」あるいは「そもそも微分とは何か」などが説明できないならば，単に数学的手続きを技巧的に繰り返すことにもなる（小林他，2006）。

参考文献

小林徹也・磯田正美（2006）「高校数学における『解析的思考』の指導に関する調査研究」『数学教育学会誌』49（3・4）. 27-37.

一松信ほか（2015）『中学校　数学2』学校図書（文部科学省平成27年2月27日検定済）.

（渡邊慶子）

Q 37 数学におけるアルゴリズムの意義を述べなさい

1．アルゴリズムとは？

　アルゴリズムとは，ある特定の問題を解いたり，課題を解決したりするための計算手順や処理手順のことである。記録に残る最古のアルゴリズムの一つとして知られているのが，高等学校数学科の学習内容でもある，ユークリッドの互除法である（2020年現在）。そこで以下では，ユークリッドの互除法を事例として，数学におけるアルゴリズムの意義を見ていく。

2．数学におけるアルゴリズムの意義

（1）ユークリッドの互除法
　ユークリッドの互除法とは，2つの自然数a, bの最大公約数を求める手順のことである。最大公約数を求める方法で最初に思いつくのが，素因数分解をすることである。しかし一般に，素因数分解は数が大きくなればなるほど難しく，時間がかかる。一方，ユークリッドの互除法を用いれば，次の操作をくり返すことで，2つの自然数a, bの最大公約数を必ず求めることができる。

① 　aをbで割ったときの余りをrとする。

② 　$r = 0$（すなわち割り切れる）ならば，bがaとbの最大公約数である。

　　$r \neq 0$ならば，rをbに，bをaにおき換えて，①に戻る。

　これを余りが0になるまで繰り返し，そのときの除数が2つの自然数a, bの最大公約数となる。

　例として，30と21の最大公約数を求めてみよう。ユークリッドの互除法を用いれば，次のように解くことができる。

$30 = 21 \times 1 + 9$

$21 = 9 \times 2 + 3$

$9 = 3 \times 3$

　よって，30と21の最大公約数は3となる。

　以上より，ユークリッドの互除法を用いれば，素因数分解をすることなく効率的に最大公約数を求めることができる。なお，このプロセスは，２つの自然数a, bをそれぞれ縦と横の長さとする長方形を，除数を一辺の長さとする正方形で敷き詰めることと考えることができる。（図5-37-1）

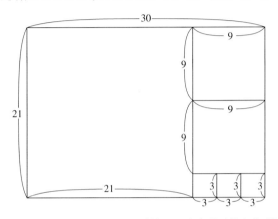

図5-37-1　ユークリッドの互除法の図式表現（筆者作成）

（２）数学におけるアルゴリズムの意義

　以下では，ユークリッドの互除法を例として，アルゴリズムの意義を見ていく。まず，ユークリッドの互除法の手順にしたがって計算していけば，いつかは最大公約数を求めることができ，それは正解であることが保証されている。この，適当なデータが与えられれば必ず求めるべき結果を得ることができるという性質は，結果性と呼ばれる。次に，ユークリッドの互除法の各手順は，だれがいつ何回くり返しても同じ結果を与える。この性質は，決定性と呼ばれる。さらに，ユークリッドの互除法は特定の数値だけではなく，どの２数に対しても適用することができる。この性質は，大量性と呼ばれる。このように，アルゴリズムを用いることで，明確に定義された計算問題を何度も大量かつ正確に解けることが，数学におけるアルゴリズムの意義である。

3．アルゴリズム的思考

　数学の指導では，アルゴリズムそれ自体の指導に加え，アルゴリズム的に

考えることの指導も重要である。アルゴリズム的思考（AT）とは，数学的思考（MT）の重要かつ柔軟な形式であり，分解，パターンの認識，一般化および抽象化を強調したものである。それゆえ AT は，MT の基礎であると考えられている。一方で，活動の志向性という観点から，両者は区別される。AT や，それを包含するコンピュテーショナルシンキング（CT）は問題解決の手続きを作ることに主眼があるのに対して，MT は問題解決を進めながらも数学的対象を作り体系化を図ろうとするものである。このことから AT/CT と MT は，異なる思考ではなく同じ思考の異なる側面であり，相互互恵的に発達していかなければならない。数学的活動の理論負荷性を考慮すれば，AT/CT と MT を相互互恵的に発達させるためには，数学の授業においてそれを目指した授業が行われなければならないと考える。具体的な授業については，検討されている最中である。他にも，アルゴリズムの選択や作成について学習する高等学校情報科の授業において実際的問題の解決に従事し，その解決過程を数学の授業において振り返ることを通じて MT として問題場面を拡張していくという，教科横断的な授業も必要であると考える。

なお，AT は，CT の考え方に基づいて定義されているプログラミング的思考とも関係する思考である。

参考文献

岩崎秀樹（2000）「ユークリッドの互除法」中原忠男編『算数・数学科 ― 重要用語300の基礎知識』明治図書出版．

影山和也・上ヶ谷友佑・青谷章弘（2020）「リテラシーとしての Computational Thinking 論 ― Computation の意義と学校数学教育の役割」全国数学教育学会誌『数学教育学研究』26（1），pp.29‐41.

Max Stephens（2018）Developing Algorithmic Thinking in the Primary and Junior Secondary Years. In Feng-Jui Hsieh（Ed.），Proceedings of the 8th ICMI-East Asia Regional Conference on Mathematics Education, 2, pp. 350‐362.

植田敦三（2000）「アルゴリズム」中原忠男編『算数・数学科 ― 重要用語300の基礎知識』明治図書出版．

（石橋一昴）

Q 38　数によって表されるパターンの美しさを述べなさい

1．パターンとは？

　ここでは「パターン」とは何かを，パターンの科学という数学観に求めることとする。この数学観は，イギリスの数学者ソーヤー（W. W.Sawyer）に見られるものであり，アメリカの数学者デブリン（K. Devlin），アメリカの物理学者ファインマン（R. P. Feynman）らが提起してきたものである。パターンの科学としての数学では，数学は，「ありとあらゆるパターンの分類と研究をする学問」であると捉えられており，ここでいう「パターン」とは，「精神が認めることのできるほとんどあらゆる種類の法則性」と考えられている。ここで注意されたいのは，数学的記号そのものにはパターンは存在しないということである。パターンは，それを読む人の中に生まれ，呼吸を始め，成長するのである。例として，次のような式計算を見てみよう。

　例えば，「商が1ずつ減り，余りが1ずつ増える」ことに気づくであろう。また次は何か？と問われれば，「66 ÷ 20 = 3　…6」と答えることができるであろう。このようにパターンとは，数学的記号そのものではなく，それを読んだ人の心の中に生まれ（商が1ずつ減り，余りが1

$$161 \div 20 = 8 \quad \cdots 1$$
$$142 \div 20 = 7 \quad \cdots 2$$
$$123 \div 20 = 6 \quad \cdots 3$$
$$104 \div 20 = 5 \quad \cdots 4$$
$$85 \div 20 = 4 \quad \cdots 5$$

ずつ増える），呼吸を始め，成長する（66 ÷ 20 = 3　…6）のである。

2．数によって表されるパターンの美しさ

　数領域のパターンとは，基本的には自然数のパターンを指す。これは，元来は古代ギリシャからの起こりであり，学校数学の内容としては後に数列につながる題材である。そこで以下では，数列を事例として数によって表されるパターンの美しさを見ていく。

（1）フィボナッチ数列

　美は個人的概念である。しかし多くの人が美しいと感じるものはある程度共通していると考えられている。そこで以下では，多くの人によって美しいと考えられている，「フィボナッチ数列」について見ていく。フィボナッチ数列とは，漸化式 $F_1 = F_2 = 1, F_{n+2} = F_{n+1} + F_n$ で定義される数列 $\{F_n\}$，すなわち

$$1, 1, 2, 3, 5, 8, 13, 21, 34, 55, 89, 144, 233, 377, 610, 987, \cdots$$

で表された数列のことである。この数列は，うさぎの個体数の増加に関する問題から生まれたとされている。

　フィボナッチ数列を見ると，$1 + 1 = 2$，$1 + 2 = 3$ のように，「各項が前の2つを足した値になる」というパターンを見出すことができる。また，フィボナッチ数列の数（フィボナッチ数）の隣り合う2数の比を取ると，黄金比 $\dfrac{1+\sqrt{5}}{2}$ に近づく。黄金比は，人間が最も美しいと感じる比率と考えられている。

　フィボナッチ数列は図で表すこともできる。フィボナッチ数列を一辺の長さとする正方形を図5-38-1のように並べると長方形ができ，その辺の比は黄金比になる。この比は，日本の名刺や，諸外国の

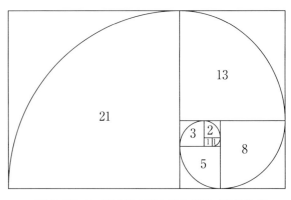

図5-38-1　黄金長方形と黄金螺旋（筆者作成）

著名な建造物や美術品にも用いられている。また，図5-38-1のように正方形の頂点を滑らかにつないでいくと，螺旋（らせん）が見えてくる。この螺旋はオーム貝の貝殻に見られる螺旋と類似している。

（2）パターンの美しさ

　美しさの捉え方は人により様々であるが，多くの人がフィボナッチ数列に「パターン」を見出し，数によって表されるパターンを美しいと感じたのではないかと思う。さらに，黄金長方形と黄金螺旋の図からは，数と数列，他

領域を結びつけることで表される，数学世界の美しさも感じることができる。図5-38-1に「さらに螺旋を書き足せ」と言われれば，調和のとれた曲線を書き足したくなるだろう。

　また，フィボナッチ数列がうさぎの個体数の増加を理想化したモデルに端を発し，その図的表現がオーム貝の貝殻に見られる螺旋と類似していることは，我々に，数学世界と自然界との繋がりを感じさせてくれる。人間が何も手を施していないのに自ずからそのような美が現れるということは驚くべきことであり，しかもそれが数列によって表すことができることに，数によって表されるパターンの美しさを感じることができる。

　数学の対象は「数」も含めて，人間によって作られた人工物である。また，数学者の岡潔氏は，知的にわかることの基礎には，情的にわかるということがあると言う。さらに，パターンとは「精神が認めることのできるほとんどあらゆる種類の法則性」であるから，情的なものであるといえる。これらを整理すると，数によって表されるパターンの美しさとは，人間の美しさであり，数学とは，人間の美しさを研究する学問であるともいえよう。

参考文献

イアン・スチュアート（水谷淳訳）（2008）『もっとも美しい対称性』日経BP社.

國本景亀（2007）「生命論に立つ授業設計論（Ⅰ）」全国数学教育学会誌『数学教育学研究』13, pp.15-22.

P.J.デーヴィス，R.ヘルシュ（柴垣和三雄・清水邦夫・田中裕訳）（1986）『数学的経験』森北出版.

数学者岡潔思想研究会 http://www.okakiyoshi-ken.jp/index.html.（2020年9月2日閲覧）.

山本信也（2016）「数学教育における『パターンの科学の数学』・『デザイン科学としての数学教育学』の意義」『日本教科教育学会誌』38(4)，pp.103-109.

（石橋一昂）

Q 39 数学における対称性の意味・意義を述べなさい

1. 対称性の意味

　一般にある数学的対象が対称性を持つとは，その対象が，ある変換に対して一定の構造を不変に保つことをいう。以下では，いくつかの領域における対称性を見ていく。

（1）点対称，線対称，面対称

　ある点Oに関して2点a, bの中点が点Oであるとき、その2点を点Oに関して互いに点対称であるという。点Oのことを，対称の中心という。例えば，$y = x^3$や$y = \sin x$のグラフは，原点を中心として180°回転する（変換）と，元のグラフに戻る（不変）ため，原点を対称の中心として点対称である。

　ある直線lに関して2点a, bの垂直二等分線が直線lと一致するとき，その2点は直線lに関して互いに線対称であるという。直線lのことを，対称軸という。例えば，$y = x^2$や$y = \cos x$のグラフは，y軸の周りを左右に折り返す（変換）と，元のグラフに戻る（不変）ため，y軸を対称軸として線対称である。平面で図形の大きさを変えない移動は，すべていくつかの線対称移動のくり返しで求めることができる。例えば平行移動は、2つの平行線を軸とする線対称移動のくり返しである。

　ある平面zに関して2点a, bの垂直二等分面がその平面zと一致するとき、その2点は平面zに関して互いに面対称であるという。平面zのことを，対称面という。例えば，球は，中心を通る平面に対して図形を反転させる（変換）と，元の図形に戻る（不変）ため，中心を通る平面に関して面対称である。また，それぞれの場合，2点の一方を他の対称点という。1つの図形の一定点に関する対称点をとってできる図形は，初めの図形に点対称な図形であるが，これは，初めの図形に3つの面対称移動をくり返し施した結果になっている。

（2）対称式と交代式

　整式または有理式の一つで，式のどの2つの文字を交換しても式が変わらないようなものを，対称式という。例えば，$x^2+y^2, x+y, xy$は対称式であり，そのうち$x+y$とxyは基本対称式という。また，2つの対称式の和，差，積，商も対称式である。

　有理式において，式のどの2つの文字を交換しても式の符号だけが変わるようなものを，交代式という。例えば，x^2-y^2は交代式である。また，2つの交代式の和と差は交代式であり，積と商は対称式である。対称式と交代式の積と商は，交代式である。

（3）対称律

　aとbの間に成り立つ関係が，それぞれを入れ替えたbとaの間でも成り立つとき，この関係は対称律を満たすという。例えば，$x=y$ならば$y=x$なので，＝は対称律を満たす。一方，$x>y$であっても，$x<y$ではないので，$>$，$<$は対称律を満たさない。

　対称律に加え，反射律（例えば，$x=x$）と推移律（例えば，$x=y$かつ$y=z$ならば$x=z$）を満たすとき，同値関係であるという。

２．対称性の意義

　数学における対称性の意義は，様々なところで確認できる。高校数学では，例えば偶関数と奇関数の定積分があげられる（図5-39-1）。まず，$f(-$

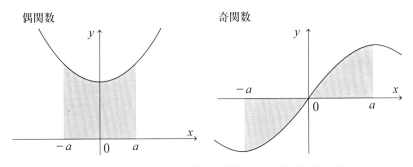

図5-39-1　偶関数と奇関数の定積分（筆者作成）

$x) = f(x)$ を満たす $f(x)$ を偶関数という。$f(-x) = f(x)$ より，y 軸に関して対称であるため，その定積分について，$\int_{-a}^{a} f(x)dx = 2\int_{0}^{a} f(x)dx$ が成り立つ。次に，$f(-x) = -f(x)$ を満たす $f(x)$ を奇関数という。$f(-x) = -f(x)$ より，原点に関して対称であるため，その定積分について，$\int_{-a}^{a} f(x)dx = 0$ が成り立つ。このように，偶関数と奇関数の定積分は，その対称性に着目すると簡単に解くことができる。これは数学における対称性の意義の一つであるといえる。

歴史を見ても，対称性は数学において大きな役割を果たしている。最も有名なのは，一般的な5次方程式を代数式によって解くことができない理由が，それが好ましくない形の対称性を持っているということであろう。この事実を発見したのはフランスの数学者ガロア（E. Galois）である。氏は5次方程式が解けないことを発見した後，対称性の言語ともいえる「群」を生み出した。その後対称性は，諸分野にまたがって重要な役割を果たしている。

さらに，対称性の考え方は大きく拡張されて装飾され，現代物理学において基本的な役割を果たしている。実験困難な内容に先行する理論物理では，幾何学的な対称性が理論構築の基盤となっている。例えばアインシュタインの相対性理論は，物理法則は空間運動や時間経過に関して対称的でなければならないということを中心に成り立っている。

このように，方程式に関する空論的な疑問が，今日では物理世界の深遠な構造を解き明かしている。数学者は本人が考え出したルールで，物理学者は自然が与えてくれたルールでそれぞれゲームをしているが，次第にそれらのルールが同じであることが明らかになっていく。数学の真の力はこの，人間のパターン感覚と物理世界との驚くべき融合の中に潜んでいる。

参考文献

イアン・スチュアート（水谷淳訳）(2008)『もっとも美しい対称性』日経BP社.
崎谷眞也 (2000)「対称性」中原忠男編『算数・数学科 ― 重要用語300の基礎知識』明治図書出版.
柴田敏男 (2001)「対称」『ジャパンナレッジ版日本大百科全書』小学館.

（石橋一昂）

第6章
数学科における教材研究

Q 40 数学科における教材の意味を述べなさい

1. 数学科における教材と教科書

　教材とは，辞書的には，「ある教育目標（目的）を実現するために，教師と子ども（児童生徒）の間におかれ，教授・学習活動を促進するための文化的素材」（細谷ほか，1990, p. 438）である。「教育活動において，一定の教育目的に従って選ばれた教育内容を学習者に教える際の材料となるもの。ただし，何が「教材」となるかは，教育目的に依存する。」（安彦ほか，2002, p. 354）との説明も見られる。何を教えるか，何をできるようにさせるのか，といった教育目標や目的を達成するための素材や題材が教材と言える。素材や題材に対しては，そこに目標・目的が埋め込まれたものが教材である。例えば，教科書教材と言えば，教科書が提供する素材・題材には目的・目標まですでに埋め込まれていることを意味する。教科書の教師用指導書の展開は，まさにそれを例示したものである。

　教科書には検定制度があり，学校教育法上の学校は，検定を経た教科書の利用が義務づけられている。教育課程の基準である学習指導要領に記された目標，内容の実現は，教科書検定制度とその使用義務で保障されている。教科書は，生徒の立場からは学習材としても機能する。数学科の場合，教育目的が埋め込まれたワークシートなども教材である。教科書の検定や使用義務のない国では素材や題材は教師自身で探ることがしばしばある。そのため，指導内容が教師に応じて異なることも生じる。それは生徒や学校に応じて教材を選ぶ自由を保証すると同時に，全国各地において均質的な指導・学習を保証することを困難にする。

　したがって日本の教科書制度は，全生徒に対して均質的な数学教育の質保証を実現しているのである。検定制度では，中学校で1割，高等学校で2割の学習指導要領の逸脱を認める。学習指導要領は教育課程を学校毎に定める際の最低基準である。中学校の場合，教科書は広域採択無償配布で，教師に

選択余地がない。学校毎に著しい格差のある高等学校の場合，その格差に対応すべく，教科書会社1社で，一科目（数Iなど）の教科書を複数シリーズ発行し多様な生徒に応えようとしている。

　数学科の場合には，一般的に，「数学内容（素材・題材）に，教師が生徒に指導したい目的・目標が埋め込まれたもの」が教材である。ここでは，数学内容と目的・目標が区別され，同じ数学内容でも目的・目標に応じて教材や指導内容が区別される。さらに，数学科での指導内容は教科書などで示された問題系列に依存するものの，たとえ問題系列が同じでも，目的・目標に準じて強調される指導内容は変わりうるのである。

2. 教具

　「教材」という言葉の他に「教具」という類似した言葉がしばしば用いられる。両者の違いは，「『教具』や『機器』は，それ自体としては『教育内容』を含まない」（安彦ほか，2002，p. 355）などと説明されることがある。これは，筆箱やノート，黒板，プロジェクターなど広く想定したものであろう。数学科においては，定規やコンパスをはじめ，電卓，作図ツール，数式処理システム，表計算ソフト，関数のグラフを表示してくれるグラフィングツールなど，さまざまなツールが教具として用いられる。それらを使えるようになるには，そこに潜む数学に対する理解が必要となってくる。その理解も教育内容である。例えば，作図の学習で利用されるコンパスは，中心と半径を利用してくるりとまわして円をかくと理解し使えるようになる（小学校第3学年）。したがって数学科における教具は，「指導に際して必要な道具の中で，教科固有の思考方法に基づいた道具」といった説明の仕方ができるであろう。

3. 問題の系列による探究

　数学科教材の特徴は，目的に応じて，既習を活かし未知の問題に取り組み新たなことを見出す問題の系列を用意することにある。ここではグラフィングツールを利用して，数学的な探究の仕方を学ぶ例を例示する。数学Iで二

次関数を学んだ後の生徒に対する指導事例である。

　問題1（復習問題）．一次関数$y = ax + b$でa，bの意味は？

　答えは即返ってくるが，次のように続ける：中2で一次関数$y = ax + b$のグラフをaが傾き，bを切片と学ぶ際に，教科書には，bの値を例えば1に固定してaの値を変えた場合のグラフと，aの値を例えば1に固定してbの値を変えたグラフが示されている。まずは，そのことをグラフィングツールで描画して示し，一つの変数を動かし他の変数を固定して関数族を表すと，その関数族に普遍な性質を確認できることを，グラフィングツールを使い方，そのよさとともに確認する。

　問題2（探究問題）．二次関数$y = ax^2 + bx + c$で，a，b，cの意味は？

　aは開き具合，向き，cはy軸との交点と即返ってくるが，次のように続ける：確かに学んだばかり，じゃbは？　学んだこと以外に，何かないか調べてみて。問題1と同じようにやってみて。自由に話し合いを認め，しばし机間指導。bから調べる者もいるが，問題1と同じようにできない生徒もいるので，問題1での調べ方の再確認。見つけたことがあれば，その画面のコピーをとって保存するように指示。見つけたことをレポートにするように指示。余裕がある者はさらなる発展問題を作る指示。次の時間に発表。

　（発展問題．a，b，cを別のパラメータtを用いて表すと入試問題も作れる。）

　以上で目的の一つは，パラメータ1つのみを変数とし他のパラメータを固定することによる関数族の探究法の獲得であり，そのよさを学ぶことである。

参考文献

安彦忠彦・新井郁男・飯長喜一郎・井口磯夫・木原孝博・児島邦宏・堀口秀嗣編（2002）『新版現代学校教育大事典2』ぎょうせい.

細谷俊夫・奥田真丈・河野重男・今野喜清編（1990）『新教育学大事典第2巻』第一法規出版.

（礒田正美・宮川　健）

Q 41　数学科における教材研究の意味とその過程を示しなさい

1．教材研究

　教材研究は，「授業を行うことを前提として授業でとり上げる素材を吟味・検討する教師の活動。またそこから発展して授業計画の立案，指導案の作成，教具の手配などひろく授業の準備活動全般を指して教材研究と呼ぶこともある」（安彦ほか，2002，p.358）などと一般的には説明されている。

　数学科における教材研究は，日々の授業準備におけるものから，時間をかけて取り組みその成果を数学教師の研究会や機関誌で発表するものまで多様であり，その方法もさまざまである。平岡（1978）は，教材研究を 5 つに分けてその方法を解説している。そこであがっている教材研究は，①教材の指導内容に関して学年間のつながりや他領域とのつながりといった教材の配列・系統を明らかにしようとする教材研究，②授業のねらいとそれにふさわしい教材を検討する教材研究，③生徒の発達段階や認識を明らかにしそれに応じた教材の研究，④日々の授業のために行なう指導に直結した教材研究，⑤指導内容の背景となる数学の専門的な事柄を明らかにしようとする教材研究である。いずれの教材研究も，数学科教師としての教師力の基盤であり，教材研究の深さは数学科教師の力量を測る物差しの 1 つとなる。

2．教材研究の事例

　中学校第 3 学年の「平方根」を例に教材研究においてどのようなことが検討されるのか，上に示した五つの教材研究の視点から簡単に示そう。教科書にしばしば見られる平方根の導入は，正方形の半分もしくは 2 倍の面積をもつ正方形を作る活動や，方眼紙や 1 cm おきにドットの入った用紙上に 1 cm^2，2 cm^2，4 cm^2，5 cm^2，・・・の面積となる正方形をかいたり，逆にかかれた正方形の面積を求めたりする活動である。

この学習内容・活動に関してさまざまな教材研究が可能である。①の配列・系統に着目すれば，数の学習の系統（整数，有理数から平方根，その他の無理数など），他の領域とのつながり（2次方程式，三平方の定理など）を明確化するような教材研究が可能である。②のねらいに着目すれば，方眼紙に正方形を作るという活動においてどのようなねらいを達成することができるのか検討する。今日の数学科では，数学の知識・技能のみならず思考力・判断力・表現力等を重視しており，単に平方根の意味と方法を伝えればよいわけではない。さらに，③の生徒の状況に関しては，整数，有理数（有限小数，無限小数など），実数，もしくは数直線，長さなどに対する生徒の認識を検討する教材研究，⑤に関しては，数学的背景に着目して，平方根が実際にいかに定義され，いかに求めることができるのか（コーシー列，開平法，連分数，ユークリッドの互除法，無限級数など）といったことを検討するような教材研究が可能である。④に関しては，明日明後日の授業のために，上の題材から授業で実際に生徒たちに与える問題とその系列を創案し，生徒の想定される質問・反応や困難性を明確にし，ワークシートを作り発問を考える，といった一連の活動からなる。

3．カリキュラムマネジメントとしての教材研究

　教材研究は，今回の学習指導要領で取り入れられたカリキュラム・マネジメントという考え方に大きく関わる。「カリキュラム・マネジメント」とは，中学校学習指導要領によれば，「生徒や学校，地域の実態を適切に把握し，教育の目的や目標の実現に必要な教育の内容等を教科等横断的な視点で組み立てていくこと，教育課程の実施状況を評価してその改善を図っていくこと，教育課程の実施に必要な人的又は物的な体制を確保するとともにその改善を図っていくことなどを通して，教育課程に基づき組織的かつ計画的に各学校の教育活動の質の向上を図っていくこと」である。この点から，上述の教材研究の意味を深める。
　前節で述べたように，数学科の教材とは，数学内容（教材・題材）に生徒に対する指導目的・目標を埋め込んだ指導内容である。数学科の教育課程は学習指導要領を最低基準としながらも学校毎に定めるものである。そのため，数学内容が固定された教科書に準ずる教材研究と，必ずしも準じない教材研究がある。教科書

に準ずる教材研究は，教科書の指導書などに見られる指導計画，授業展開例など
を参考にしつつ，目前の生徒の学習状況をふまえて，何を教えるべきか，教科書
に与えられた数学内容（素材・題材）に目的・目標，その評価基準などを埋め込む
ことを通して指導内容を築き，指導を通して指導内容を改善するような行為であ
る。それに対して教科書に必ずしも準じない教材研究では，数学内容が固定され
ておらず，最低基準としての学習指導要領と学校毎の指導計画のもと，目前の生
徒の学習状況を踏まえ，数学内容（素材・題材）を自ら特定し，その内容に関わる
問題系列を自ら生み出していく。そこでは，学習指導要領を超えた内容，改定で
取り上げらた新教材や課題学習など，教師にとって未知の数学内容の探究（⑤等）
が求められる。この教材研究は「教材開発」と呼ばれることがある。

　いずれの教材研究においても，カリキュラム・マネジメントの視点からす
れば，生徒や学校，地域の実態に応じて教育の目的や目標，その評価基準を
検討するとともに，それを数学内容（素材・題材）に埋め込むことが必要と
なる。具体的には，本時の指導で教える内容は何か，その際に利用する既習
は何か，生徒はその既習を前提としうるか，補充すべきは何か，生徒が身に
付けるべき考え方は何か，そのよさは何か，次時以降の学習指導と本時の指
導内容との関連は何かなどをまず検討する。その上で，本時で取り上げる問
題を既習，習熟，発展などの系列として作り，個別の指導展開における発
問，生徒の反応の予想にもとづいた評価・フィードバックを準備する。さら
に，それらを利用する教具や板書内容，ワークシートなどに整理し，その
隅々に展開意図・ねらいを埋め込み，学習指導を計画していく。

　また，学校としては教科横断型の授業計画がしばしば求められる。総合的
な学習/探究の時間，理数探究，情報科との連携などによる，数学科の枠を
超えた教材研究も必要となる。

参考文献

安彦忠彦・新井郁男・飯長喜一郎・井口磯夫・木原孝博・児島邦宏・堀口秀嗣
　　（編）（2002）『新版現代学校教育大事典2』ぎょうせい.
平岡忠（1978）「教材研究の方法」坂元信ほか編著『これからの算数教育』
　　東洋館出版社，pp.119-16.　　　　　　　　　（宮川　健・礒田正美）

Q 42 問題を発展的に扱うことによる教材研究の過程を示しなさい

1. 問題の系列を築く教材研究

　教材研究の要は，問題の系列を築き，目標を埋め込むことにある。生徒が自ら「発展的に考える」には，教師自らが問題を発展的に考え，問題系列を築く必要がある。問題を発展的に考えるとは，解決結果の適用範囲を拡げたり，条件を変えたり，新たな視点から捉え直したりすることである（『中学校学習指導要領解説数学編』より）。学年を超えた問題の発展系列を教科書から読み解くこと，特定の問題の発展的な扱いを検討すること，自ら見出した題材を発展的に検討することが，その事例となる。そこでは，題材の数学的な視点からの分析，教材のもつ教育的な価値の検討，そして教材を授業で実際に利用できるようにするための加工，といった過程を経ることが多い。

2. パズルの題材の数学的な分析

　次の問題は国内外でよく知られたものである。高等学校学習指導要領解説にも類似のものが出ている。
　「7×7の正方形のマス目がある（図6-42-1）。マスが二つでペアになったドミノで，マス目をすべて敷き詰めよ。ドミノは横向きでも縦向きでも構わないが，×印のところは敷き詰めてはならない。」

　教材研究の第一歩は，題材を理解するために自ら問題に取り組むことである（読者もまずはこの問題に取り組んで欲しい。取り組まずにはこの問題の数学的価値や教育的価値は見えてこない）。

　図6-42-1はいろいろ試しても敷き詰め

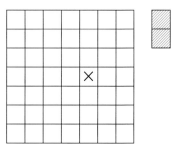

図6-42-1　ドミノで敷き詰め

られない。では，条件を変えて×印が別の位置にある場合はどうか。少し試
してみると，場所によっては敷き詰められる。視点を変えて，×印がどこに
あれば敷き詰められるのか試行錯誤すると，マス目を白と黒の市松模様に塗
り分けると（図6-42-1の角を黒とする），×印が黒マスにある場合は敷き詰
められ，白マスにあるときは敷き詰められない。さらに考えると，白マスと
黒マスの個数が一致するときに敷き詰められ，一致していないと敷き詰めら
れない。ドミノは辺でつながった二つの正方形であるため，白黒で塗り分け
れば白と黒が一つずつになり，敷き詰められる場合はドミノの個数分だけ白
と黒のマスができるからである。

　さらに発展的に考える。適用範囲を拡げてみる。7×7の正方形ではなく，
より一般的なマス目でも白黒同数であれば必ず敷き詰められるのだろうか。
少し調べると反例が見つかる。図6-42-2は，白黒同数ではあるが敷き詰めら
れない。すなわち，白黒同数であることは，敷き詰めのための必要条件ではあ
るものの，十分条件ではないのである。では，必要十分条件は何であろうか。

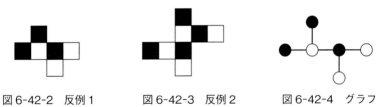

　　図6-42-2　反例1　　　　　図6-42-3　反例2　　　　　図6-42-4　グラフ

　視点を変えて，マス目が偶数個であり一筆書きできれば敷き詰めできると
いうアイデアもある。この場合を検討すると，図6-42-3のように一筆書き
はできなくとも敷き詰めできる場合（反例）が出てくる。今度は，一筆書き
できることは十分条件ではあるものの必要条件ではないのである。

　最終的には，この問題はさらに視点を変えてグラフ理論のマッチングの問
題に帰着できる。マス目は，表現を変えてグラフ（頂点と辺により構成され
る）で表される（図6-42-4）。マッチングとは，1本の辺で結ばれた二つの頂
点をペアにすることである（図6-42-4では黒と白のペアを作ること）。それ
はドミノを敷き詰めることと全く同じであり，その結果，敷き詰めのための必

要十分条件は，「完全マッチング」が存在するための必要十分条件と言い換えられ，それは次となる（「ホールの定理」，記述の仕方をパズルに合わせた）。

「完全マッチングが存在するための必要十分条件は，どのn個の黒い頂点をとっても，それらとつながっている白い頂点がn個以上であること。」

例えば，図6-42-4は左の2個の黒の頂点をとると，つながっている白の頂点の数が1個しかないため，完全マッチングは存在しない。図6-42-3は，どの2個の黒マスをとっても，つながっている白マスの個数は2以上である。3個の黒マスの場合，白マスも3以上であり，4個の黒マスの場合，白マスは4個となっている。したがって，完全マッチングが存在するのである。

3．教材化に向けた検討

教材研究では，題材にいかなる教育目標を埋め込むことが可能なのか，といった教材化に向けた検討が必要となる。学習指導要領解説では，数学Aにおける「数理的なゲームやパズルなどを通して，数学と文化との関わりについての理解を深めること」という内容に関わって上のパズルが提示されている。今回のパズルにはこの教育目標を埋め込むことが可能である。さらに，上の数学的な分析からさらなる可能性が見えてくる。まず，今回の題材は，必要条件や十分条件は出てくるが必要十分条件がなかなか出てこないため，これらの条件の意味を実感を伴って学習する機会となる。また，グラフ理論という数学が存在すること，数学的にモデル化することのよさを知ることも目標になりうる。さらに，上では一般のマス目における必要十分条件の探求に発展させたが，マス目は正方形のままで，タイルを3つのマスからなるものへ発展させることも可能である。その場合は，$2^n \times 2^n$のマス（1箇所は×印）を，3つのマスからなるL字型のタイルで敷き詰める活動となり，数学的帰納法による証明へとつながる（読者には是非試みて欲しい）。

教材研究においては，こうした教育目標を授業で達成するために，題材を加工する過程が次にくる。ここでは紙面の都合で示せないが，それは，実際の授業でどのようなマス目のパズルをどのような順序で提示し，どのような活動を期待するのかといった，授業設計に関わる具体的な検討となる。　　（宮川　健）

Q 43　数学的モデルを生かした事象の問題解決過程を説明しなさい

1. 数学的活動と数学的モデル

　島田（1995）は，数学に関係した思考活動である数学的活動の模式図の中で，現実の世界と数学の世界の間に，数学的モデルを位置付けている。

　ここでモデルは，現実→モデル→理論という方向の中でのものとして用いられている。「f. 条件，仮設→g. 公理化→j. 結論→i. 照合の過程で，最終段階が肯定的であれば，このgの公理系は，fに対する数学的モデルと呼ばれ，次の段階でn. 類例の有無が検討される。類例がない場合であっても

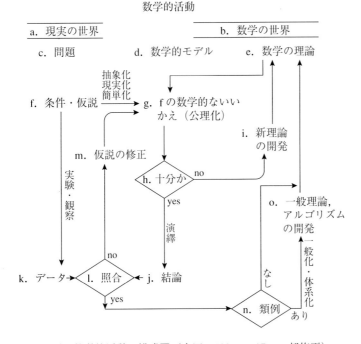

図6-43-1　数学的活動の模式図（島田，1995, p.15, 一部修正）

それまでの結果は成功した数学的モデルの典型として，活動者のe．数学の理論に組み込まれる」（島田，1995，pp.16-17）としている。一方で，現実→モデル→理論とは逆の向きにも用いられることがある。その1つに，現実についてのことばに抽象的な理論での意味を付した疑似数学モデルがある。疑似数学モデルは「n→eの過程から生まれたものであるが，その目的は，eの理論の理解を深めることである」（同上，p.18）としている。

２．物の高さを測量する数学的活動と数学的モデルの改善

戦時下に発行された一種検定教科書『數學（中學校用）第二類』の第1学年用「測量」の「§2　高サヲ測ルコト」では，「物ノ高サヲ測ルノニ，離レタ所カラ測量スル方法ヲ考ヘテミヨウ」として，「公園ニ銅像ガ立ツテヰル。銅像ノ下マデ行カナイデ，ソノ高サヲ測ル方法ヲ工夫セヨ」（p.4）として，間接測量による測定方法が問題となっている（松嵜，2010）。

図6-43-2　バスロータリー内に設置してあるモニュメント（埼玉大学HP）

図6-43-2のようなモニュメントの高さを求める問題解決では，どのような数学的モデルが必要となるか。このモニュメントはバスロータリー内に設置してあるため，直接測量が困難であり，離れた場所から測量する必要がある。

図6-43-3のように，直角二等辺三角形の三角定規やストロー等を使って，測定が可能な角を用いて作業するための計器を工

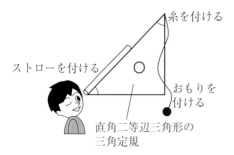

糸を付ける
ストローを付ける
おもりを付ける
直角二等辺三角形の三角定規

図6-43-3　計器の工夫（文部科学省・国立教育政策研究所，2012，p.330）

142

夫する（f→kの過程）こともあろう（Q44も参照）。中学校数学で習得した基礎的・基本的な知識及び技能を活用するとき，類似の事象である木の高さの求め方（既知の数学的モデルdの適用）をもとに，相似比を用いて解決する。

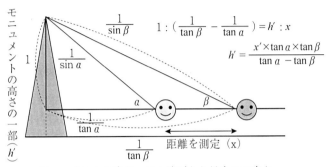

$$1 : \left(\frac{1}{\tan \beta} - \frac{1}{\tan \alpha} \right) = h' : x$$

$$h' = \frac{x' \times \tan \alpha \times \tan \beta}{\tan \alpha - \tan \beta}$$

モニュメントの高さ＝h'＋地面から目までの高さ

図6-43-4　「三角比の表」の値を用いたモニュメントの高さの測量

モニュメントをモデル化し（f→gの過程で，抽象化，簡単化などを行う），地面からのモニュメントの高さまでを定め，高等学校数学で習得した基礎的・基本的な知識及び技能を活用するとき，「三角比の表」の値を用いて解決する。このようにして改善したモデルは，解決者である生徒のe. 数学の理論に組み込まれることになる。

参考文献

松嵜昭雄（2010）「『數學（中學校用）第一類』及び『數學（中學校用）第二類』における数学化」『日本数学教育学会誌』92（11），pp.26-27.

国立教育政策研究所（2012）『平成24年度全国学力・学習状況調査【中学校数学】報告書』.

道具にみる数学文化展示室http://math-info.criced.tsukuba.ac.jp/museum/Mathematics_tools/index.htm（2021年8月31日確認）.

島田茂編著（1995）『新訂算数・数学科のオープンエンドアプローチ ── 授業改善への新しい提案』東洋館出版社.

（松嵜昭雄）

Q44 数学史を題材にした教材の事例を示しなさい

1. 古代ギリシャの「タレスの方法」の話題

　平成23年度全国学力・学習状況調査のB問題で，古代ギリシャの学者タレスによる測量の話題が取り上げられている。「タレスの方法」では，合同な2つの三角形をつくり，直接測量することができない距離を別の距離に置き換えて測量している。

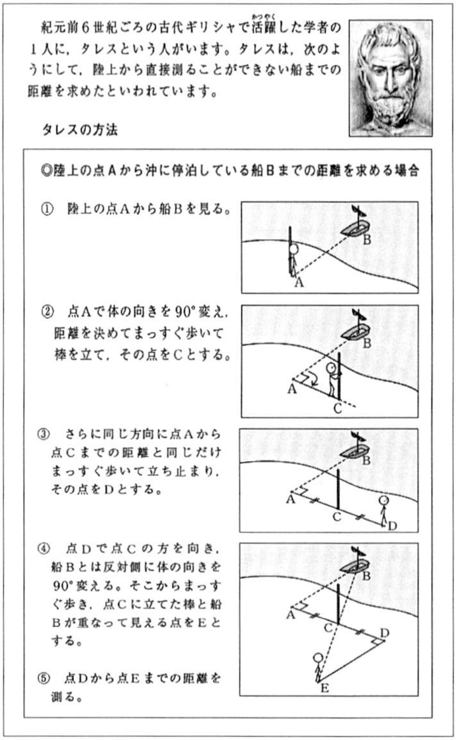

　本問題を活用した『平成23年度全国学力・学習状況調査の問題を活用した授業アイディア例 中学校 国語 数学』では，「事象を図形に着目して数学的に解釈し，成り立つ事柄の特徴を説明するとともに，問題解決の方法を振り返って発展的に考えることができるようにする」ことを指導の狙いとしている。

紀元前6世紀ごろの古代ギリシャで活躍した学者の1人に，タレスという人がいます。タレスは，次のようにして，陸上から直接測ることができない船までの距離を求めたといわれています。

タレスの方法

◎陸上の点Aから沖に停泊している船Bまでの距離を求める場合

① 陸上の点Aから船Bを見る。

② 点Aで体の向きを90°変え，距離を決めてまっすぐ歩いて棒を立て，その点をCとする。

③ さらに同じ方向に点Aから点Cまでの距離と同じだけまっすぐ歩いて立ち止まり，その点をDとする。

④ 点Dで点Cの方を向き，船Bとは反対側に体の向きを90°変える。そこからまっすぐ歩き，点Cに立てた棒と船Bが重なって見える点をEとする。

⑤ 点Dから点Eまでの距離を測る。

図6-44-1　タレスの方法（国立教育政策研究所教育課程研究センター，2011, p.79）

　わが国においても，『測量集成』の中に，全円儀を用いた測量がある。全円儀を用いると，正確に方角を知ることができ，縮図を描くことができる。実測から，図形に着目して計測を行い，実測値に変換するといった，当時用いていた道具や器具に潜む数学と文化にも着目したい（礒田・丸山，2004）。

2．江戸時代の数学書『塵劫記』の話題

　平成24年度全国学力・学習状況調査のB問題で，江戸時代の数学書『塵劫記』に掲載されている「立木の長をつもる事」が取り上げられている。

寛永4年(1627年)刊行の塵劫記より

図6-44-2　立木の長をつもる事
（『平成24年度全国学力・学習状況調査【中学校数学】報告書』p.325）

　木の高さを測る話題であり，現代語では「鼻紙を2つに折って直角二等辺三角形を作る。直角の角に小石を吊り下げる。図のようにして，斜辺の延長に木の頂点が見える所まで移動する。その位置から木の根元までを測る。その長さが7間であれば，木の高さは地面から目の高さ約半間を加えて7間半である。」（和算研究所，2000，p.120）となる。

　この話題では，鼻紙を2つに折ることで，45°の角をつくり，直角二等辺三角形の性質を用いている。離れた場所から測量する場合，測定が可能な角は必ずしも45°である必要はない（Q43も参照）。

　『平成24年度全国学力・学習状況調査【中学校数学】報告書』には，上述の『塵劫記』に基づいてまとめた「木の高さの求め方」を用いて，「日常的な事象を図形に着目して観察し，図形の性質を問題解決に生かすことができるようにする」ことを指導の狙いとした，授業アイディア例が掲載されている。直接測量ができないときでも，身の回りにある道具を工夫することで，相似な図形の性質を用いて，測量が可能となる。（会田・礒田・高橋，2004）。

３．数学史の話題を教材化するに当たって

平成29年改訂の中学校学習指導要領では，江戸時代の和算等の数学史に関する事柄について調べたりする上で，情報通信ネットワークで検索することが有効であることとしている。平成30年改訂の高等学校学習指導要領では，科目「数学A」の「数学と人間の活動」において，数学史的な話題等を通して，数学と文化の関わりについての理解を深めることを，知識及び技能を身に付けることとして示している。そして，数学史的な話題の一例として，江戸時代に吉田光由が著した数学書『塵劫記』を取り上げている。また，似たような問題がないか調べ，人間の活動に数学がどのように関わっているかを考察したりする活動を想定している。

数学史の話題を教材化するにあたり，情報通信ネットワークで数学史的な話題等を検索して調べる際，当時の人々が，用いていた道具や器具に潜む数学に着目したり，様々な制約下での数学的アイディアで問題解決していた営みに着目したりすることが大切である。そして，生徒が，これまで学習している数学と数学史的な話題を対比しながら，数学と文化や人間活動との関わりについて理解を深めるような活動を展開できるようにしたい。

参考文献

会田英一・礒田正美・高橋秀樹（2004）「高さや傾き，距離測定の背後にある数学と文化」『教育科学／数学教育』557, pp.94-98.

礒田正美・丸山洋幸（2004）「幕末から明治にかけての日本の測量文化」『教育科学／数学教育』559, pp.94-98.

国立教育政策研究所教育課程研究センター（2011）『平成23年度全国学力・学習状況調査の問題を活用した授業アイディア例中学校　国語　数学』.

和算研究所編（2000）『日本語現代訳版「塵劫記」』東京書籍.

（松嵜昭雄）

Q 45　統計的問題解決過程におけるコンピュータの活用教材の事例を示しなさい

1．統計的探究プロセスとコンピュータの活用

　平成29・30年改訂の学習指導要領では，小・中・高等学校を通して，統計的な内容等の改善・充実を図っている。中学校の「データの活用」領域では，「問題−計画−データ−分析−結論」の五つの段階からなる統計的探究プロセスを意識した統計的な問題解決が大切である。高等学校の必履修科目「数学Ⅰ」においても，統計的探究プロセスを経験することが大切である。

表6-45-1　統計的探究プロセスの５つの段階（文部科学省，2019，p.45）

問題	・問題の把握	・問題設定
計画	・データの想定	・収集計画
データ	・データの収集	・表への整理
分析	・グラフの作成	・特徴や傾向の把握
結論	・結論付け	・振り返り

　中学校では，数値情報として得られる「量的データ」を主に取り扱う。高等学校の科目「数学Ⅰ」では，文字情報として得られる「質的データ」と「量的データ」の双方と，複数の「質的データ」や「量的データ」が紐づけされた複数の種類のデータを取り扱う。データを整理する際，表計算，プログラム言語Rなどを利用して，統計グラフに表現する。生徒が統計的な表現とその意味について，批判的に考察し判断する機会を設けることが大切である。

2．コンピュータを活用した統計的な問題解決の教材例

　生徒自身が，コンピュータなどを利用して，統計的探究プロセスの五つの段階を経験することができるような教材例として，生徒に身近な題材でもある大縄跳びの練習を紹介する（Imai & Matsuzaki，2019）。

表6-45-2　1日目から16日目までの大縄跳びの練習のデータ

日目	列					
1日目	2列	13	18	21	19	
	3列	16	20	19	8	28
2日目	2列	22	26	24	27	
	3列	14	26	8	30	18
3日目	2列	20	22	30	21	
	3列	18	37	20	25	33
4日目	2列	16	28	24	22	
	3列	24	23	24	25	41
5日目	2列	23	27	31	26	
	3列	26	17	30	26	14
6日目	2列	30	29	24	28	
	3列	26	34	12	28	29
7日目	2列	34	25	33	26	
	3列	17	33	22	44	34
8日目	2列	26	29	35	34	
	3列	21	31	11	38	38

日目	列					
9日目	1列	10	27	15	24	29
	2列	37	20			
	3列	42	25			
10日目	1列	18	18	34	22	46
	2列	49	29			
	3列	44	40			
11日目	1列	30	24	16	24	25
	2列	25	28			
	3列	24	27			
12日目	1列	25	30	26	27	13
	2列	43	25			
	3列	40	43			

日目	列					
13日目	1列	26	38	29	35	16
	2列	27	27			
	3列	19	23			
14日目	1列	22	25	30	31	32
	2列	40	42			
	3列	27	36			
15日目	1列	32	34	20	29	36
	2列	31	23			
	3列	43	25			
16日目	1列	36	28	40	42	21
	2列	29	28			
	3列	27	39			

　2列と3列で大縄跳びの練習をした，1日目から8日目までの結果を踏まえて，9日目から16日目までは1列に並んで練習したときのデータも加えている（表6-45-2）。1列，2列，3列で大縄跳びの練習をしたときの量的データをドットプロットに表す。ここで，1列，2列，3列で並んで練習したときのデータの平均値と中央値は，いずれも同じである。

　そこで，データの散らばりの様子を見るために，データの個数で区切っていく。はじめに中央値の位置に線を入れ，次に，第1四分位数と第3四分位数の位置にも線を入れる（図6-45-1）。

　このように，データの散らばりの様子を視覚化した（日本数学教育学会「資料の活用」検討WG，2014）後，箱ひげ図をつくり，複数のデータの分布を比較する。

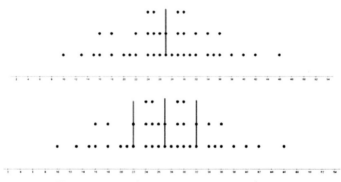

図6-45-1　1列で並んだときのドットプロット
（動的数学ソフトウェア GeoGebra を用いて作成）

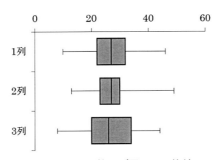

図6-45-2　箱ひげ図による比較
（動的数学ソフトウェア GeoGebra を用いて作成）

何列に並んで跳ぶ方がより多くの回数を連続して跳ぶと見込めるかについてデータを収集する場面では，例えば，縄の回し手別にデータを層別して，並び方以外の要因について比較する。量的データ間の関係を探る際には，散布図や相関係数を用いることがある。その際，散布図と箱ひげ図を組み合わせた図を用いる等，適切な方法で分析を行うようにする。また，量的データには「外れ値」や「異常値」が含まれていることにも留意する必要がある。

参考文献

Imai, K. & Matsuzaki, A.（2019）. How do Lower Secondary School Students Sharing the Models Tackle in Collaborative Modelling Using ICT? Focusing on a Modelling Lesson with Digital Textbook and Geogebra,International Journal of Research on Mathematics and Science Education, Vol.7, pp.11-19.

日本数学教育学会「資料の活用」検討 WG　松嵜昭雄・金本良通・大根田裕・青山和裕ほか（2014）「新教育課程編成に向けた系統的な統計指導の提言 ─ 義務教育段階から高等学校第1学年までを対象として」『日本数学教育学会誌』96（1），pp.2-12.

文部科学省（2019）『高等学校学習指導要領（平成30年告示）解説　数学編　理数編』学校図書.

（松嵜昭雄）

第7章

中学校・高等学校数学科の学習上の困難点

Q46 学校数学の系統が学問数学の体系とは異なり，矛盾を伴うことを説明しなさい

1．学問数学と学校数学の相違

　専門集団としての数学者らは，可証性や無矛盾などの規範を共有しつつ，対称性などの調和，簡約性などの優美，拡張性などの生産といった価値を実現し，広く人間の知性を拡げて思惟的整序を導くこと，いわば「人間精神の名誉」を目的として，未解決問題を解答し，それを公理体系のもとで位置づける。それに対して，教育課程基準の開発者や教科書編者，学校毎に教育課程を設計する数学教師は，豊かな人間性をもつ社会の形成者を育てること，即ち「人間生活の福利」を目的として，その実現を目指して学校数学の指導系統を創りあげる。その指導系統には数学体系からみて矛盾する話題が各所に含まれる。その系統が求めるのは，既習を前提に数学を生み出す「プロセス」にある。既存数学の獲得だけでなく，それらを導き出す活動に伴う見方・考え方や態度など創造を支える資質を育む過程を尊重する。そこには「徳性の涵養」がある。正しい結論を導く上で，根拠に基づいて自ら再現し判断する自主性を培うこと，既成の知識を拡張して矛盾を克服する過程で克己心を培うこと，異なる答えや多様な考え方を認めあう上で独善や偏見に陥らない公正性を培うことが，その内実である。学校数学で実現しようとする教育的な価値は，数学者からみれば，数学体系の基盤である「厳密さ」や「完全さ」を損なう矛盾に満ちたものと映る。

2．学校数学の系統と数学の体系の相違

　学校数学の系統を理解するには，その系統の背後にある教育的価値を見出す必要がある。数の拡張を例にすれば，代数拡大や完備化，数体について学んだ者が学校数学の系統を読み直せば，そこに現れる相違に既習を発展・統合する系統があることに気づく。

数学：自然数N→ 整数Z → 有理数Q→ 実数R → 複素数C

学校数学：N→非負数Z^+→正の有理数Q^+→Q^+にπ添加→Z → R → C

　学校数学の系統は拡大体と部分体の包含性からみれば，整然かつ一貫とした特殊一般の流れではない。生活で端下の量を処理する上での分数や小数の必要性や，基本図形である円の求積に用いるπ（超越数）の必要性などを知れば，その系統にある教育的な意図を理解できる。そして，その系統には，「3から5は引けない」「自乗して2になる数はない」などの既習内容を代数拡大で否定する試みが，生徒自らがその疑問を克服する学習活動として積極的な意味をもつ形で仕組まれていると解することができる。小学校（既習）では3から5は引けない。中学校で，3から5を引けるようにするために正負の数の学習が進行する。そこでは，演算足す・引くはプラス・マイナス符号付きの数に拡張（発展）され，代数和で区別なく統合される。そこでは，減法について閉じているという拡張したことのよさが確認し得る。

　学校数学の系統は歴史的に築かれたものであるが，歴史上の数学体系とその系統が一致するわけでもない。例えば，図形の基本的性質についてのユークリッド原論での命題間の関係を整理したものが図7-46-1である。

　原論と比べると，学校数学では三角形の三辺相等を用いて二等辺三角形の底角定理を証明することを明確には禁止しておらず，図7-46-2のように局所的な循環が生じ得る（矢印C_1）。同様に，線分の中点作図を用いた三角形の三辺相等の証明（矢印C_2）や，角の二等分線作図を用いた三角形の二辺

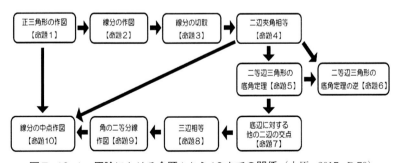

図7-46-1　原論における命題1から10までの関係（小原，2017，P.70）

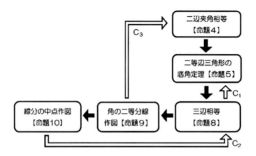

図7-46-2　学校数学で生じ得る命題間の関係（小原, 2017, P.70）

夾角相等の証明（矢印C_3）も根拠の循環に陥ってしまう。そこで，合同条件や基本作図を公理的に扱うことで体系的な不具合が顕在化しないよう配慮して，その後の証明活動を支える「根拠となる性質」して位置づけている。

　このように，学校数学には，数学からみると直観に任せた内容や系統上の矛盾が多々存在する。それらは生徒の発達段階や既習を発展・統合する教育的な配慮のもとで実現している。学校数学はそれらの矛盾を含む内容を生徒自ら克服する弁証法的な営みとして確信的に内包している。その矛盾は，現代数学を含む歴史上の数学と指導系統との相違を比較することで明瞭となり，生徒が克服すべき矛盾は何か，その教育的価値を探る前提となる。

参考文献

礒田正美・小原豊・宮川健・松嵜昭雄（2014）『中学校数学科つまずき指導事典』明治図書出版.

小原豊（2014）「学校数学への教授学的変換とは何か，何であるべきか」『人間環境学会紀要』22, pp.1-14.

齋藤昇・秋田美代・小原豊（2017）『深い学びを支える数学教科書の数学的背景』東洋館出版社.

（小原豊）

Q 47　小学校からみた中学校数学科図形領域の学習課題を述べなさい

1．算数科と中学校数学科における図形領域の系統とその相違

　算数科の図形領域を要約抜粋すると1年「形と特徴，形の構成と分解，方向や位置」，2年「三角形や四角形」，3年「二等辺三角形，正三角形，円，球」，4年「平行四辺形，ひし形，台形などの平面図形，立体図形，正方形・長方形の面積，角の大きさ」，5年「平面図形の性質，立体図形の性質，平面図形の面積，立体図形の体積」，6年「縮図・拡大図，対称図形，円の面積，柱体の体積」である。以上，項目の抜粋だが，用語の区別を読み解けば，その指導系統を読むことができる。実際，形は物理的対象に対して与えられる。個別図形名は辺で閉じた図形を念頭にしている。平面図形とは，辺を延長することも含めた直線や垂直を話題にしえる図形である。図形の面積という用語は閉じた図形の中身の容量（広さ）を指す用語であり，面積ではなく，平面図形の性質と言えば中身の容量は話題にしていない。平面図形の面積と言わなければ，底辺上に高さをとれない三角形の場合に，底辺を延長しえない。

　次に中学校の図形領域を要約抜粋する。1年平面図形では基本作図・図形の移動，空間図形では直線と平面の位置関係，図形の計量，空間図形の構成と平面上の表現を扱う。2年平面図形と平行線の性質では角の計算や平面図形の性質の確認をしたうえで図形の合同で合同条件を扱い証明の必要性と意味，方法を扱う。3年図形の相似，円周角と中心角，三平方の定理を扱う。

　高等学校と比較した場合，中学校までの図形領域の特徴は，視覚に依拠して推論することにある。中学校の学習の難しさは，小学校以来の図形の概念の進化において，視覚的に同じにみえる対象を，論拠・論法（考え方）で，図形の見方（直観）を捉えなおすことにある。例えば，小学校5年で三角形の内角の和が180°であることは，測定，敷き詰めを根拠に説明される。特

に敷き詰めで，角を測定することもなくスパッとはまる体験は，180°の根拠として生徒には確信を抱く論法である。中学校1年では平行線の性質を利用して，条件を利用した推論で説明する。既習を用いて考える学習を積んできた生徒には，何を使ってよく，何を使ってはいけないかがわからなくなる。測定や敷き詰めでは取り上げた例しか説明していないこと，承認された論拠と仮定から結論を導く説明によって普遍な説明が組み立てられることを区別し，それぞれのよさを学ぶ必要がある。その相違は，自然科学における実証と数学における公理から演繹される論証体系における証明や形式的な数式表現に依拠した計算科学との真理観の相違の基盤となる。

2．中学校図形領域における探究にみる例の役割

　小学校の学びなおしや直観的に明らかにも思える中学校1年の図形領域では，条件に基づく推論への転換のために，使ってよい条件を前提にした推論を強調すること，どの条件を使ったのか逐一確認することで，演繹的な推論を構成する楽しさを学ぶ必要がある。その活動は，未知の課題に挑戦することで，予想（仮説），例示による妥当性，証明（説明）と展開する。そこでは，例に依存した推測と一般性のある説明とを区別する必要がある。

　例えば，基本作図を，2点から等距離のところに宝を埋めたという設題で始める。条件不足という声に例えばと半径を1つ決める。宝は2円の交点2か所，1か所と特定できる場合と，2円が交わらない場合とが生まれ，解けるには半径は2点間の距離の2倍以上と条件が来まる。では，半径が与えられなければと，任意半径の円をあれこれ描けば，2点を結ぶ線分に対する垂直二等分線上にあると言える。パッと垂直二等分線を作図する手順を訪ね，垂直二等分線の作図法を確認する。なぜ，その作図手順でよいかを問えば，小学校時代の二等辺三角形やひし形を利用した説明が現れる。次に3点から等距離のところに埋めたという設題に条件を換える。三角形の三辺の垂直二等分線が一点に交わることに気づく。2つの辺に対する2垂線が1点で交わることは予想の範囲内でも，3つの辺に対する3垂線が何時でも1点で交わることを体験すれば驚愕である。では次は何に挑戦するかを聞く。4点から

等距離のところに埋めたという設題に条件を換える。多くの生徒は1点に交わると予想する。ところが反例だらけでしかも図が汚い。教師側で1点に定まる場合の4点を例示する。どのような場合に1点で交わるかを探る。ここまでくると作図ツールが便利である。3点の場合を基にして4点が円周上にある時という説明が生まれる。条件をもとに作図すること，それを図形の性質で説明することのよさを学ぶ機会となる。

　かような条件図形に対する普遍性質の探究では，しばしば作図ツールが利用される。作図ツールは，与えられた作図条件に準じた図形を描画し，最初の条件として入力した点をドラッグすることで，その作図条件を満たす図形を，連続変化させて無数に例示する。その際に普遍な性質が見つけることができる。例えば，四角形ABCDをかき，AB，BC，CD，DAの中点を，それぞれP，Q，R，Sとするとき，四角形PQRSはどのような四角形になるかを探究してみる。そこでは四角形PQRSの様々な性質が，与えられた条件との関係で見出される。そして，中点連結定理まで学んだ生徒の場合には，見出した命題を論証する順序まで工夫しえる。

　中学校2，3年の図形領域で求められる直観は，合同や相似な三角形などを探し，与えられた図の上にその図形を見出すことで推論する点にある。特に補助線は，結論が得られたと仮定して推論して得られるものである。

参考文献

飯島康之（2021）『数学的探究』明治図書出版.

礒田正美・原田耕平（1999）『生徒の考えを活かす問題解決授業の創造』明治図書出版.

清水静海（1995）「論証」清水静海編『CRECER　第6巻　図形と論証』ニチブン，pp.204-236.

（小原豊）

Q 48 統計指導の系統を素地指導の観点から説明しなさい

1．統計学とデータサイエンス

　統計学は，対象事象にかかるデータから一定の規則性を見出し，事象にかかる解釈や判断の根拠を提供する学問である。その数学的基礎は，データの特徴を記述する記述統計学，標本から母集団を推計する推測統計学，そしてベイズ統計学などで構成される数理統計学が提供する。ベイズ（Bayesian）統計学という呼称に対し，推測統計学はNeyman–Pearson統計学とも呼ぶ。Neyman–Pearson統計学が所与のデータにかかる確率を固定して推論するのに対して，ベイズ統計学はベイズの定理のもとで確率を変数として扱う。確率を変数化したことで未来予測も可能となる。例えば，新型コロナウイルス感染とPCR検査陽性との関係などは，データのそろわない段階でのシミュレーションが実現する。実験群・対象群による実験計画法などが生産産業の基盤をなした時代には推測統計学が注目された。コンピュータでデータを視覚化するようになり，データの特徴を記述統計手法が様々に生み出され，数理統計学も多様化した。その展開に寄与したのは探索的データ解析を提唱したターキー（Tukey）である。国内では林知己夫の貢献が知られている。統計ソフトウエアが充実した今日，統計学上の手法は統計モデルとも呼ばれる。正規化や直線回帰では現実データではそうでないものをそうとみなし推論する。それを統計的モデリングと呼ぶ。数理統計学は，事象の変動性や特徴，傾向を表現するために築かれた厳密な数学理論であるが，現実事象での活用には様々な怪しさが潜む。AI, BIG DATAの基盤を構成するデータサイエンスは，統計学，コンピュータサイエンス，インフォメーションテクノロジーからなる複合領域である。AIの数学的基盤は，線形代数，確率論，統計学などで提供される。BIG DATAは，データ種類の多様性（Variety），データの発生更新の速さ（Velocity），データ量（Volume），怪しさ評価を伴う真

実性（Veracity），価値（Value）という特徴を備え，そのデータを随意に組み合わせ，ビジネス目的で多用される。データ組み合わせに貢献するのがデータサイエンスである。データ基盤社会であるがゆえ，データリテラシーとしての統計的リテラシーの育成がますます求められる時代となった。

2．統計指導の系統と素地指導

　平成29年告示小学校学習指導要領では，データの活用領域は，特に小6は代表値，度数分布，統計的な問題解決，起こりえる場合からなる。中学校学習指導要領では，データ活用領域は，中1．データの分布の傾向（ヒストグラム，相対度数），確率，中2.データの分布の比較（四分位範囲，箱ひげ図），場合の数としての確率，中3．標本調査からなる。平成30年告示高等学校学習指導要領では，数学Ⅰ.データの分析は分散，標準偏差，散布図，相関係数，仮説検定の考え方からなり，数学B.統計的な推測は確率分布，正規分布，統計的な推測からなり，数学C.数学的な表現の工夫には，統計グラフ，離散グラフからなる。

　旧来，記述統計から推測統計への指導系統がとられ，統計学で必要な数学表現を十分学んで後に統計的処理を学ぶ系統があった。それに対して，今日の系統は，一層，統計的問題解決や探索的データ解析手法を継続的に学ぶ方向へ，データのばらつきを処理で必要な考え方を育てながら数学的処理を学ぶ方向へ，統計で必要となる確率の考え方をより先に教える方向へと進化した。これは前述の統計学の今日的必要を反映したものであり，世界的な統計教育研究開発動向とも合致したものである。

　統計的問題解決は，問題P・計画P・データ収集D・解析A・結論Cという過程で知られ，それは対象データを固定して考えるNeyman–Pearson統計学型問題解決の方法でもある。箱ひげ図や散布図は探索的データ解析に際してデータの特徴をあぶりだす表現である。数Cで統計グラフ表現を扱うことは，推測統計学だけを到達点としていないとも読める。センサスや様々なデータが教育用に公開されている。その利用は，データマイニングを伴う探索的データ解析である。データを検定するNeyman–Pearson統計学では，問題に対し

て収集したデータを切り分けてよいかは議論を要するが，探索的データ解析では特徴の詳細を表現するためにデータを切り分ける。

　旧来，仮説検定は推測統計で学ぶ内容である。今回それを仮説検定の考え方として数Ⅰで扱い，その前に中3で標本調査を扱うことは，推測統計への素地指導を事前に仕組んだものと言える。それはインフォーマルな推測統計からフォーマルな推測統計へという世界動向と同期している。その素地指導の系統は，後に話題にすべきちらばり・ばらつき・変動性を先に話題にしようとする系統でもある。例えば，有意検定での帰無仮説の棄却は統計学的には標本数に依存する。データを沢山とって帰無仮説が棄却できない場合でもデータを絞れば棄却できるというようなコンピュータシミュレーションは，母集団・標本間での変動性を話題にしている。変動性を知ればこそ仮説検定をうまく利用できる。それは，「あ，あのような問題は，このように数学的に処理できるんだ，この数学的処理にはそのような意味があるんだ」と，数学的処理のよさに気付ける学びなおしが実現する指導系統である。検定では，帰無仮説は主張したい結論の否定である。帰無仮説が認められないので結論が言えると背理法に準ずる。ベイズ統計では，推測統計ではデータに対する結果とも言える確率を未知数 x と仮定して推論する。結論を仮定した推論である。中1の方程式では，求めるべき解を未知数 x と仮定する。小学校以来の結論を仮定して考える考え方までも，その素地に数えられる。先に考え方を扱った上でそれを素地として後から数学的な表現を与えるという数学化をはかる指導系統は，数学的な考え方を育てる教育課程の根幹である。

参考文献

礒田正美（2014）「『未来構築のための数学教育』からみた統計教育の課題」『日本数学教育学会誌』96（1）pp.29-32.

渡辺美智子（2016）「教養教育としての統計とデータサイエンス教育の課題」『東北大学高度教養教育・学生支援機構紀要』(2)，pp.31-39.

（小原豊）

Q 49　偶数奇数の指導系統において学習課題を説明しなさい

　既習を活かすことは数学科の学習指導の基本である。統合・発展原理に基づく算数・数学科の指導系統では，同じ用語を使いながらも，自身の既習に反例や矛盾認め，学びなおすことも，既習を活かす学習指導となる。

1．小学校段階での偶数と奇数

　スペイン語では奇数を非ペア（impar：対でない数）と呼ぶ。そこでは日常語が専門語として通用する。日本では偶数，奇数は専門語であり，小学校5年で学ぶ。ここではそこへの指導系統を確認しよう。

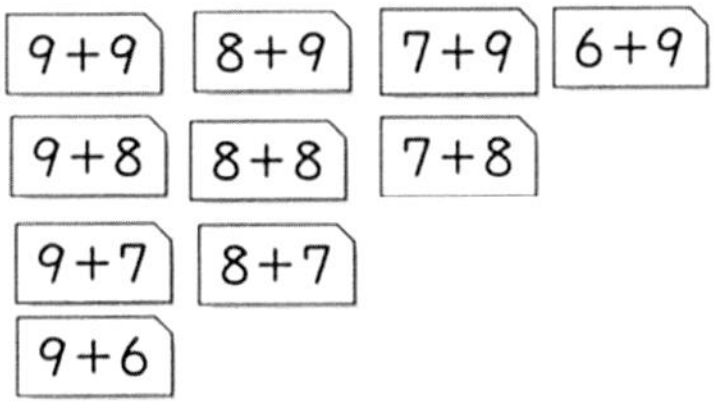

```
9+9   8+9   7+9   6+9
9+8   8+8   7+8
9+7   8+7
9+6
```

図7-49-1　カード並べ

　同値類の考え方は1年のたし算カード並べが初出である。たし算カードとは表に2数を1〜9とするたし算式，裏に和が記されたカードであり，生徒は暗算を鍛えるとともに右のようなカード並べを行う（図は延長される）。カードを順序よく並べる（並べ方は他にもある）と対角線方向に和が一定となり，和が18が1枚，和が17が2枚，和が16が3枚，和が15が4枚…と自然数列が現れる。生徒が学ぶことは，ばらばらのカードも美しく順序よく並べると，その枚数も1枚，2枚，3枚…と並べる不思議を味わうことである。これは加数を1増やすと，被加数を1増やすとというように2つの式の相互関係を認める，たし算の秘密を認める学習であり，これを学ぶことで，二項演算の意味での加法の世界があることを知る機会となる。これらの活動は，中学校，高等学校では数学化しえる対象である。1年では，かけ算，わり算の素地として配り方が議論されている。2年でかけ算を「単位当たり量のいくつ分」として学び，瓶詰のいくつ分として2の段から九九を構成す

$6 = 2 \times 3$

$7 = 2 \times 3 + 1$

図7-49-2　偶数と奇数の表現

$12 \div 4 = 3$
$11 \div 4 = 3$ あまり3
$10 \div 4 = 3$ あまり2
$9 \div 4 = 3$ あまり1
$8 \div 4 = 3$
$7 \div 4 = 3$ あまり3
$6 \div 4 = 3$ あまり2
$5 \div 4 = 3$ あまり1
$4 \div 4 = 3$
$3 \div 4 = 3$ あまり3
$2 \div 4 = 3$ あまり2
$1 \div 4 = 3$ あまり1

図7-49-3
余りのある割り算

る。例えば図は，2の3つ分である。そこでも九九表の探究が行われ，積が同じことからその同値類として交換法則の素地が確認される。2年では，たし算とひき算は逆算の関係にあること部分-部分 全体を表すテープ図を用いて，その関係を利用すれば値が正しいかどうかを確かめることができることを学ぶ。3年のかけ算筆算では，位ごとに九九を使うことを分配法則で図示して説明する。わり算は「単位当たり量」を求める等分除と「いくつ分」を求める包含除から定義される。その段階で，わり算はかけ算の逆算となる。続いて余りのあるわり算が導入される。導入段階では，余りという専門語はなく，生徒が不足とか，余りを声にする中で，余りという語に，用語を統一する。余りを定義した段階で，右のように余りの規則性を話題にする。これは剰余類として数学化される対象である。$a = bq + r$ は検算の式として導入される。これは高等学校では「任意の整数aと正の整数bに対して，「$a = bq + r$ かつ $0 \leq r < b$ をみたす整数q, rがただ1組存在する」という整数の除法の性質（除法の原理）であり，因数定理へと拡張される。これら既習を前提に5年で偶数，奇数がわり算の余りの有無で定義される。

2．中学校段階での偶数，奇数

中学校1年では，数は正負の数へ拡張される。符号付きの数のたし算，ひき算を探る場面で減法は加法で説明され，わり算は逆数の積という扱い説明で進む。小学校では四則演算は対等であるが，中学校以降では加法・乗法が基盤となる。文字式では式は過程であり，値であることが確認される。文字式ではわり算記号が登場しないので，わり算による偶数，奇数の定義の継続

が困難となる。小学校段階で扱う文字式では，文字に代入できるのは通常は整数（≧0）で，変数の扱いは弱いが，中学校では負の数に拡張され，変数としての文字の扱いを強調する。そこで整数nとすると，2nが偶数の集合を表すこと，2n＋1が奇数の集合を表す必要がある。この段階で－2も偶数となる。2年で文字式による説明を扱う段階では，偶数と偶数の和が偶数であることを扱う。小学校段階では先の瓶詰によりそれは明らかである。小学校での既習を前提に，中学校では2n＋2mだから，偶数たす偶数でこれは偶数であるという説明が出る。そこでは2（n＋m）として分配法則を使う。n＋mが任意の整数であること，小学校の図示は負の数場合を説明していないことを扱う。数学科では既習を活かして学習するが，既習を否定することをそこでは迫られる。それも既習を活かして統合発展する学習である。2n+1≠2n-1であるが，2n＋1も2n－1も奇数，同じ集合であることも統合発展である。これら学びなおしでは，生徒自身が，自ら数学的活動を通して主体的・対話的で深い学びを実現するような学習指導を計画することが求められている。

3．高等学校での発展的学習

　整数の性質は，数学Aで扱う内容となった。「－4を3で割った余りは？」という問いに対して多くの高校生は「－1」と答える。それでよいようにも

÷3	4	3	2	1	0	-1	-2	-3	-4	-5	-6
商	1	1	0	0	0	0	0	1	1	1	2
	余1	0	余2	余1	0	-1	-2	0	-1	-2	0	不足

÷3	4	3	2	1	0	-1	-2	-3	-4	-5	-6
商	1	1	0	0	0	1	1	1	2	2	2
余り	1	0	2	1	0	2	1	0	2	1	0

図7-49-4　余りの規則性

思えるが，それでよいだろうか。ここで「任意の整数aと正の整数bに対して，a＝bq＋rかつ0≦r＜bをみたす整数q，rがただ1組存在する」という除法の原理を確認するだけで済ませるのは，天下り型の指導である。小学校以来の余りの規則性を復習することから始めれば，生徒は，自ら，余りの現れる規則性を維持するには不足では都合が悪いことに気づく。その展開は，学んだ形式（パターンを）不変にするように既習を拡張する形式不易の考えを確認する機会である。その考えは，小学校以来，繰り返，駆使している。それを生徒が自らこの場面で議論するとすれば，それは形式不易を利用して数の拡張指導がなされてきた成果の発露であろう。

（辻山洋介）

Q 50　小学校算数と中学校数学での方程式の解き方の違いを説明しなさい

　既習を活かすことは，数学科の学習指導の基本である。小学校でも不明な数（未知数）や変数を□や x で表す。例えば，小学校6年の教科書（学校図書，2015）には，図7-50-1の記載がある。中学校と同じだろうか。

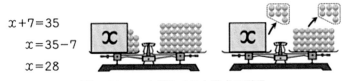

$$x+7=35$$
$$x=35-7$$
$$x=28$$

図7-50-1　小学校での方程式の説明

1．算数科における四則演算と文字式の指導

　上記事例で用いる逆算が，いかに算数科で扱われるか，数学的な考え方の育成という視点から低学年を中心に示す。小学校1年では，10までの数における，5は3と2などの数の合成・分解を，ゲームの中で扱い，それを前提に，数えなくともたし算，ひき算の値がパッと得られる準備とする。それは2項演算として加法，減法を扱う素地となる。たし算の式の導入は，合併場面，異集合の和場面，添加場面で扱われる。これら場面からの立式が，たし算事象からの立式が基礎となる。たし算の式からたし算の問題作りも扱われる。数の合成分解で取り上げるゲームは，「●●●と●●は…？…」，「●●●と…？…は●●●●●」というような形で与えられ，これは「部分・部分，全体の関係」，「全体・部分，部分の関係」を扱う最初である。一つのゲーム内の活動であり，加法・減法の関係を同一場面で議論される。裏に1～10までの値，表に1～9までの数のたし算が記されたたし算カードならべで，(1 + 1)，{(2 + 1) → (1 + 2)}，{(3 + 1) → (2 + 2) → (1 + 2)}，…というようにカードを順序よく並べる活動は，同値類で括られた式の配列に自然数の美しさを認める機会となる。→は加数を1増やせば被加数を1減らす

というたし算の式の関係的見方の素地である。ひき算の導入場面では，まだひき算の式を学んでいないがゆえに，その事象をたし算の式で表そうとする子どもが現れる。その状況から減法の学習が進む。2年では「車が今朝は5台あった。今は7台ある。何台増えたか」が加法か減法かの演算決定を迫る。「部分・部分，全体の関係」，「全体・部分，部分の関係」をテープ図で表し，演算決定を迫る。テープ図で何が未知であれば加法か，何が未知であれば減法かを学習する。これは加法と減法が逆算関係にあること知る機会である。かけ算は，単位あたり量のいくつ分というビン詰め配列事象で立式の仕方を学び，値を得る方法としての累加の式，比例の見方の中核となる倍の考えを扱う。累加の考えは九九を構成するまでは必要であるが，各段を構成する過程で，例えば $2 \times 1 = 2$, $2 \times 2 = 4$, $2 \times 3 = 6$, …, $2 \times 9 = 18$ で，積が2増えること，さらに式を関係的にみて乗数が1増えると積が2増えることなどを認める。たし算カード並べ同様に，隣接する式どうしの比較であり，～倍すると…倍となるというような比例の考え方は，この段階では容易でない。九九を構成後，積の値を段毎に配列した九九表の決まりを確認する。交換法則や分配法則が九九表の決まりとして発見されるが，呼称は教えない。2項演算としての乗法は九九表の決まりを通して確認される。実際，九九表の探究段階になると，もはや累加の式は出てこない。3年，わり算では，等分除，包含除場面でわり算を導入し，その値は九九を利用して得る。単位当たり量のいくつ分による立式と等分除，包含除の立式との関係も扱う。乗法・除法の逆算関係はここから始まる。かけ算では，交

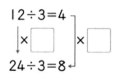

換法則，分配法則をかけ算のきまりとして扱う。分配法則は，筆算で位ごとに九九を適用する基盤である。4年ではわり算の決まりが扱われる。比例につながる倍が多用される。

　低学年から，テープ図で表した関係を言葉の式で表し，4年からは□や△を関係式で積極的に利用する。□や△を利用すると文章の通りに立式できる（順思考）が，利用しなければ逆向きに考えないと（逆思考）立式できない。逆算による立式は難しい。以上の準備のもと6年で文字式が導入される。

2. 中学校の方程式と小学校との扱いの相違

　小学校の文字を利用した関係式は，逆算して解ける場合には解けるが，文字を操作対象とする場合，具体的には文字が右作用として現れる式の場合には逆向きに考えられない者も現れる：全く扱っていないわけではない。中学校では，方程式を等式として，等式の性質のもとで解く際，文字も計算対象とすることができるようにする。扱う数の範囲も正負の数の範囲である。

　方程式を活用して問題を解決する過程は「①求めたい数量に着目し，それを文字で表す。②問題の中の数量やその関係から，二通りに表される数量を見いだし，文字を用いた式や数で表す。③それらを等号で結んで方程式をつくり，その方程式を解く。④求めた解を問題に即して解釈し，問題の答えを求める」（文部科学省，2018，p.73）とされる。立式部分までは，正の数に限定すれば，小学校と中学校に差はない。例えば「車が今朝は5台あった。今は7台ある。何台増えたか」は，小学校では，逆思考して立式すれば7−5であり，未知数を文字などで表せば順思考のまま$5+□=7$，$5+x=7$と立式する。数の合成分解に長けた生徒は，□やxが2であると見通す。2と思っていれば，$5+□$を$□+5$と，$5+x$を$x+5$とみて，$x+5=7$を逆算し$7−5$と計算し得る。$x+5=7$のタイプであれば，逆算して$x=7−5$は容易である。$5+x=7$となると，式の上で$5+x$を$x+5$とみることは扱っていないわけではないが，必ずしも生徒には容易でない。容易でない生徒は，一度もとの問題文を忘れ，テープ図などで「全体・部分，部分」の関係とみなおす必要がある。中学校の正負の数では「今朝−5度あった。今は7度ある。何度増えたか」はどうだろう。小学生は温度計を持ち出さないと容易でない。中学校の正負の数では数直線上で考え，$7−(−5)$と立式する。この立式に抵抗がある生徒は，−5を5に改めればひき算とわかる。増分（距離）はひき算で求める。この議論は正負の数の学習で行っている。文字を使えば，順思考のまま，$(−5)+x=7$と立式できる。$x=$の形へと等式の性質を使えば両辺に5を加える。

　等式の性質は，解集合不変の同値変形を保証する方程式の変形を保証する。

（辻山洋介）

Q51 微積分に至る関数の指導系統における学習課題を説明しなさい

1. 小学校と中学校の狭間にある困難

　用語関数は中学校で導入されるが，その素地となる関数的な見方・考え方の指導は小学校から行っており，事象の変化の様子や数量関係を，表や式，グラフ等に表し説明すること，変化や対応の特徴を捉えることは扱っている。特に伴って変わる2つの数量の関係の中で，四則計算に準ずる和，差，積，商が一定の場合をそれぞれ区別し，さらに比例や反比例へと深めている。中・高等学校では，これらの既習をもとに関数指導を行っていく必要がある。

　小学校の制約は，正負の数を学んでいないことで数範囲が限られること，整数範囲に限って規則性を扱う問題が多いこと。特に九九を学んだ当初，累加を前提に，xが1増えるとyはxの係数分だけ増える加法的な見方が先行し，xをn倍するyもn倍になるという倍比例的な見方で捉えることは後から強化する系統であること，その結果，加法的な見方と倍比例的な見方を混同する状況も生まれること。文字x，yを□，△（プレイスフォルダー）の代替として学ぶことから文字を変数としてみる見方が弱いこと。文字の扱いが不十分で，式で定義できないためグラフは，折れ線グラフの延長として，点プロットが基本となり，その間を埋めることが容易でないことなどである。

　中学校では，数の範囲は正負の数へと拡張され，文字式の文字は演算の対象であり関数を式で表せるようになり，y = axなど比例，反比例を式で定義し，グラフが無数の点からなることを議論し，加法的な説明を1次関数y = ax + bにおける変化の割合一定に改め，1次関数はxに比例する項は含むがb = 0に限って比例と言えることを扱う。特に数範囲を拡張して式で定義することで，比例のグラフが「増えれば増える」とは限らないことなど，小学校で学んだ比例のグラフの特徴の中で，比例と言える性質のみが比例と判断する根拠であることなどを扱う。数の範囲の拡張と式で関数を定義することで，これまで正し

いと考えていたことが，継続して言えることと，言えなくなることを区別する必要が発生する。xとyの関係について見いだした様々な性質が，関数のどのような特徴に依存しているのかを明確にできるようにすることが重要である。

２．表，式，グラフの三者関係と代数幾何

中学校では，比例，反比例，一次関数，二次関数のそれぞれの特徴を，表，式，グラフで探り，それぞれの関数の特徴を区別したり，関連付けたりすることを学ぶ。表，式，グラフにはそれぞれによさと限界があり，それを相互に翻訳し合うことでそれぞれの関数を学ぶ。関数を複数の表現を用いて表したり，相互に関連付けたりすることにより，関数の特徴を的確に捉えることが重要である。一次関数の式でaはxに比例する項の比例定数，bは定数であり，表では前者は変化の割合一定であり，後者はx＝0の時のyの値であり，グラフでは傾き，切片である。文脈に応じて異なる呼称を与え，その相互対応が一次関数の特徴であることを学ぶ。変化の割合一定でない既習の関数の典型は反比例であるように，他の関数との比較が必要である。

式は，式で定義できる関数の場合に，表を生成し，グラフを表現する要となる。表は，xとyの対応する値を，対として順に並べて表したものであり，xを規則的に変化させた場合にyの変化がどうかを読み取ることができる。グラフは関数の変化や対応の様相を視覚化してその特徴を示すが，個別の値をグラフから読むことは困難である。これら３つの表現を相互に翻訳できるようになることが，中学校では学習課題となる。その学習は式で定義される関数の調べ方を学ぶ学習でもある。特に１つの関数式で与えられない関数の探究，区間毎に定義される関数では，生徒は変数や集合の考え方を深める。表式グラフの三者関係の指導は，それぞれの関数の理解を深め，変数，対応，集合の考え方を深めるものである。文字式計算の熟達とともに，連立方程式のグラフによる解法や高等学校数Ⅰでの二次関数の標準形 $y = a(x - \alpha)^2 + \beta$ を利用してのグラフ移動を扱う。それらは個別関数の指導の一部ではあるが，関数の変化を探るというより，整式計算と図形表現を相互翻訳する意味で解析幾何の素地指導であり，標準形のグラフ移動は変換の素地指導でもある。

3. 微分積分への指導における数Ⅰ，数Ⅱ，数Ⅲの区別が起こす発展阻害

　微分積分で微分係数を扱う際，中2で学んだ変化の割合を扱う。一次関数は変化の割合は一定であり，二次関数は変化の割合は一定でないとのみ議論する。少し深めれば，接線に通ずる。微分係数から導関数を導く学習は，変化の割合を関数としてとらえること，すなわち既存の関数から新しい関数を作ること，関数を関数で考えるところに難しさがある。文系進学者も学ぶ数学Ⅱで扱う整関数の微分積分と理系進学者向けの数学Ⅲの超越関数までの微分積分の違いは，数学Ⅲで極限を独立して精緻化することである。そこでは上極限，下極限を扱い，数学Ⅱでは扱わない。整関数は連続で，扱わなくとも処理し得るからである。例えば，反比例は中学校で既習であるが，数学Ⅱの微分積分で取り上げないのは不思議である。取り上げれば数Ⅲの扱いをしないと $x=0$ 周辺で反比例のグラフが不連続であることから，$x=0$ の周辺では上極限では微分係数が $-$ 無限大，下極限では $+\infty$ 極限となり深められる。数学Ⅱで，生徒がそれを教師に問わないのは，習得型の学習が身に付いているからであり，逆に言えば，生徒が学んだことを自ら発展させる資質・能力を教師が育てていないからである。数学Ⅱの教科書上では極限を「x が a と異なる値をとりながら a に限りなく近づくとき $f(x)$ がある一定の値 σ に限りなく近づく場合」に極限を定義する。ところが，$f(x)$ がある一定の値 σ に限りなく近づかない場合はどのような場合か議論しない。整関数の場合には分母 h と分子の因数分解で h が括れ相殺され，その後は極限を話題にすることなく生徒は $f'(x)=0$ の解 a を $f(x)$ に代入する議論へ進む。もともとは限りなく a に近づくもので a とは一致しないと説明していたのに，代入に矛盾を認める生徒はほとんど現れない。高次関数整関数の接線は，それが因数分解可能であるならば判別式を利用しても得ることができる。数Ⅱの接線も因数分解できる場合で議論している。

参考文献

礎田正美（2015）『算数・数学教育における数学的活動による学習過程の構成』共立出版.

（辻山洋介）

Q52　極限の意味や取り扱いについて，学校数学および学問数学の相違を述べなさい

1．学校数学と学問数学における極限の取り扱い（関数の極限について）

　学校数学では，数学Ⅱの「微分・積分の考え」において微分係数の導入にあたって「極限値」の用語が指導されることになっている。また，数学Ⅲの「極限」においては数列の極限と関数の極限のそれぞれについて，極限値の性質（四則計算）や種々の極限の判定・求値が取り扱われる。変数を限りなく大きく（小さく）したときの極限やある値に近づけたときの極限，収束や±∞への発散あるいは振動など，極限にはさまざまなタイプがあるが，ここでは，関数$f(x)$について「xをある値aに近づけたときの極限値」がどのように定義されているのかを確認しよう。表記のしかたに若干の相違はあるものの，数学Ⅲの教科書には次のように記載されている。

> 関数$f(x)$において，変数xがaと異なる値を取りながらaに限りなく近づくとき，$f(x)$の値が一定の値αに限りなく近づく場合，$\lim_{x \to a} f(x) = \alpha$と表し，$\alpha$を$x \to a$のときの$f(x)$の極限値という。また，このとき，$f(x)$は$\alpha$に収束するという。

　この定義について，学校数学の範囲内で注意すべきことは，「変数xがaと異なる値」であるということである。xはいつも，そしていつまでもaに一致しないのであるから，例えば$\lim_{x \to 0} x^2$の極限値を求めるという操作は，計算処理の上では$x=0$を代入しているだけに見えるが，$\lim_{x \to 0} x^2 = 0$という等式が本来意味しているのは，あくまで「限りなく近づいていく先が0である」ということである。ただし，このように代入計算で処理できてしまうような極限ばかりを扱って，生徒にその意味理解を促すことは当然ながら難しい。極

限はそもそもこのような場面で考えられたものではないからである。微分係数や導関数の定義に現れるような，分母と分子がそれぞれともに0に収束する極限の意味，あるいは分数関数のグラフの漸近線を見つける際に現れるような，$\infty - \infty$ の形の極限の意味（この場合は $x \to \pm\infty$ の極限）を取り上げ，単なる代入計算ではないことを理解できるようにしたい（このような，関数の極限に含まれるある種の「せめぎ合い」については，濱中・川添（2019）を参照）。

　一方，学問数学における関数の極限は「$\varepsilon - \delta$ 論法」と呼ばれる定義がなされている。この定義では，「限りなく近づく」という直観的に理解しやすい反面，やや曖昧さが残っている表現を厳密に定式化するために，「任意の」や「ある」といった論理的な表現を注意深く用いている。

関数 $f(x)$ において，任意の正の実数 ε に対してある正の実数 δ が存在して，a と異なる任意の x に対して $|x-a| < \delta \Rightarrow |f(x) - a| < \varepsilon$ が成り立つとき，$\lim_{x \to a} f(x) = a$ と表し，a を $x \to a$ のときの $f(x)$ の極限値という。また，このとき，$f(x)$ は a に収束するという。

　ここではこの定式化の解釈には立ち入らないが，このように厳密に定義することには当然ながら大きなメリットがある。簡潔に述べればそれは「基礎的な性質が定義に基づいて証明できるようになること」である。例えば，「$\lim_{x \to a} f(x) = a$，$\lim_{x \to a} g(x) = \beta$ のとき $\lim_{x \to a}\{f(x) + g(x)\} = a + \beta$ が成り立つ」という基礎的な性質も，この定義によって初めて証明ができるようになる。

２．取り扱いの相違を踏まえた指導上の配慮事項

　学校数学において，直観的な理解にとどまる部分や曖昧さの残る部分があることは批判されるべきことではない。授業者にとって重要なのは，何がどのように曖昧にされているのかを見定め，そこから指導にあたって配慮すべき事柄を見出すことである。

　例えば数学Ⅲにおいては，「極限」の内容として扱われている上記のよう

な性質の多くは「次のことが成り立つ」として提示されるのみであり，その証明は付されていない。その一方で，「微分法」の内容として扱われる「関数 $f(x)$ が $x=a$ で微分可能ならば，$x=a$ で連続である」という性質や「$\{f(x) + g(x)\}' = f'(x) + g'(x)$」などの導関数の性質，あるいは積の導関数の公式「$\{f(x) g(x)\}' = f'(x) g(x) + f(x) g'(x)$」には証明が付されていたり，問題として生徒に証明が課されていたりする。しかしながら，これらの性質や公式の証明には，「極限」で扱われていた上記の基礎的な性質が用いられているのである。例えば，次の証明は最後の式変形において関数の極限の性質を利用している。

$$\{f(x) + g(x)\}' = \lim_{h \to 0} \frac{\{f(x+h) + g(x+h)\} - \{f(x) + g(x)\}}{h}$$

$$= \lim_{h \to 0} \left\{ \frac{f(x+h) - f(x)}{h} + \frac{g(x+h) - g(x)}{h} \right\} = f'(x) + g'(x)$$

　もし授業者がこのことに無自覚であった場合，極限の基礎的な性質に関しては証明ができないものであり，一方，導関数の性質に関することは厳密に証明ができるものだと捉えてしまう恐れがある。しかし，それは適切な認識ではない。授業者としては，証明がなされている諸々の性質の基礎には直観的な理解に基づく部分があることを正しく認識し，その内容を含む単元の中，あるいはより広く学校数学の中で，どのような系統性があるのかを踏まえて指導に当たる必要がある。

参考文献

濱中裕明・川添充（2019）「微分・積分に関する内容構成」岩崎秀樹・溝口達也編『新しい数学教育の理論と実践』ミネルヴァ書房.

（袴田綾斗）

Q 53 数列・数学的帰納法のもつ数学的意義を指摘しつつ，学習上の困難点をあげなさい

1．数列の数学的意義と学習上の困難点

　数学において数列は非常に基礎的で原初的な対象であり，例えば紀元前1650年頃の古代エジプトにおいても等差数列や等比数列の考え方を用いる問題が記録されている（カジョリ, 2015）。現代の数学においては「自然数の集合から実数や複素数の集合への写像（関数）」として定義される。数列を関数の特殊としてみなすことは初めは抵抗があるかもしれないが，このことには次のような意義があると考えられる。まず，関数と同様に数列にも「数の対応関係や変化の仕方の規則性を表現することで，未来の予測や過去の推測が可能になる」という機能があることを統一的に捉えられること。そして，その一方で離散的な変化を扱うという特殊性から，「連続的な変化よりも容易に表現・処理することができる場合が多い」という特徴を意識できること，である。

　例えば，数列における漸化式を解いて一般項を求めるという処理は，連続関数における微分方程式を解くことに対応している。微分方程式は高校生にとって容易ではないが，いくつかのタイプの漸化式であれば高校数学の範囲でも解くことができる。また，処理が容易なだけでなく，自然現象や社会現象から離散的な変化を見出し，それを漸化式として表現することもできるだろう。人口変化のモデリングや，感染症拡大のモデリングは，高校数学で扱うことのできる教材になりうる。このような数学的活動を授業で展開できることは，数列の持つ大きな意義であろう。

　一方，一般項による表現と漸化式による表現があることは，学習上の困難に繋がりうる。学習者にとって一般項による表現は理解しやすいが，漸化式は「数列の構成規則（変化の規則）を示すことによってその数列を表現している」ということが認識されにくい。しかしながら，漸化式も数列を表現す

るための1つの方法であるという理解は重要である。なぜなら，数列ではその一般項が分かれば漸化式が記述できる一方で，その逆は必ずしも成り立たないからである。すなわち，漸化式によって記述することはできるが，一般項を書き下すことができない，という場合が数多くある。このような数列は，一般項こそ求められないが，例えば，表計算ソフトを利用して計算を繰り返せば必要な情報を得ることは可能であり，数列の表現として十分に有用である。したがって，指導にあたっては，構成規則によって数列が表現されていることを認識させるために，何らかの現象から変化の仕方を見出してそれを漸化式によって表現したり，実際に代入計算によって未来予測をしたりする活動を展開したい。

2．数学的帰納法の数学的意義と学習上の困難性

数学的帰納法の数学的価値の1つとして，まさにそれが自然数の性質を担っているということがあげられる。確かに数学的帰納法には，それによって自然数に関する命題を証明することができるという価値もある。しかし，なぜそれが妥当な証明方法であるかということを考えると，自然数そのものが「数学的帰納法が成立するような数体系」として構成されているからである。したがって，数学的帰納法には単なる証明方法の1つという価値だけではなく，より根源的な自然数の性質を担うものとしての価値を見出すことができる。自然数が「数学的帰納法が成立するような数体系」として構成されていることは，自然数の公理を示した「ペアノの公理」に明瞭に現れている。ペアノの公理は，次の5つを満たすNを自然数の集合と定めるものである。

（ⅰ）$1 \in N$　　　　　（ⅱ）$n \in N \Rightarrow n' \in N$（$n'$は$n$の後者）

（ⅲ）$n' = m' \Rightarrow n = m$　　　（ⅳ）$n \in N \Rightarrow n' \neq 1$

（ⅴ）Nの部分集合Mについて，$(1 \in M$かつ$n \in M \Rightarrow n' \in M) \Rightarrow M = N$

それぞれの公理が意味していることや，1や「後者（$'$）」と言った記号が無定義で用いられていることについては他書に譲り（例えば，マックレーン，1992），ここでは（ⅴ）が数学的帰納法の原理を示していることを確認し

たい。「$1 \in M$かつ$n \in M \Rightarrow n' \in M$」は，自然数に関するある命題$P(n)$について，$P(1)$ を確認し，次に$P(k) \Rightarrow P(k+1)$を示す，という数学的帰納法の証明のステップに対応している。そして，このような条件を満たすとき，Mが結局はNに一致する，ということを要請しているのが（v）である。

このような数学的意義をもつ数学的帰納法の困難性として，無限性を内包していることに起因する難しさがあげられる。数学的帰納法は無限に続く自然数に関する命題を証明する方法であるが，「任意の」自然数kに対して$P(k) \Rightarrow P(k+1)$を示すことによって，有限の手続きで証明を完了できるようにしている。しかしながら，このステップが含意命題を証明しているという適切な認識をもてない場合，「任意の自然数（n）について命題が成り立つことを示したいのに，証明の途中で任意の自然数（k）についてそれを仮定するのはおかしいのではないか」と感じてしまう。この混乱を避けるためには，$P(k) \Rightarrow P(k+1)$という1つの命題を示していることが認識されなければならない。指導にあたって「任意の自然数kについて…が成り立つと仮定する。」という表現を用いる際には，その仮定のもとで何を示そうとしているのかをあらかじめ確認しておき，それがあくまで含意命題の仮定であることを強調するなどの手立てが必要であろう。

参考文献

フロリアン・カジョリ（小倉金之助翻訳，中村滋校訂）（2015）『初等数学史［上］古代・中世編』筑摩書房.

ソーンダース・マックレーン（1992）（彌永昌吉監修，赤尾和男・岡本周一訳）『数学 — その形式と機能』森北出版.

（袴田綾斗）

Q54　自由ベクトル（幾何ベクトル）と位置ベクトルの違い，内積，固有ベクトルの役割を述べなさい

1．自由ベクトル（幾何ベクトル）と位置ベクトル

　高校数学で指導されるベクトルは，有向線分（矢印）によって表される「向きと大きさだけで定まる量」として，すなわち，向きと大きさが等しければその位置によらずに「等しい」とみなされるものとして導入される。例えば，物理学の基本的な動機の1つに，「力」を対象にしてその合力を計算したりつり合いを判断したりすることがある。そのためには力のような多次元量（ここでは「向き」と「大きさ」をもつ量）に対して計算の規則を定めなければならず，さらにより根本的に「何を以って等しいとみなすか」も定義しなければならない。力同士の相等性は位置によらずに判断されるのが自然であり計算の上でも便利であるため，以上のような定義が採用されることとなった。有向線分によって表されるベクトルを幾何ベクトルと呼ぶが，上記のような位置の自由性を強調して自由ベクトルと呼ぶこともある。

　位置ベクトルとは，空間内や平面上の点の位置を表現するためのベクトルである。混乱が生じやすいのは，ベクトルそのものは位置によらずに相等性が定められている一方で，ある点の位置を表現することはできるということである。位置の表現ため，という用途で用いられているベクトルを位置ベクトルというのである。点の位置を指定するためには，どこから見た位置かということ，すなわち，基準を定める必要がある（座標平面が原点を定めた上で設定されるのと同様である）。その基準に対するある点の位置は，基準から点までのベクトルによって一意に定められる。「位置ベクトル」という語を導入する際には，「点O（基準）に関するある点Pの位置ベクトル」のように表現することを意識したい。

2．内積の役割

　内積とはベクトルに定められた演算の1つで，2つのベクトルを入力すると1つの数（スカラー）が出力される「閉じていない二項演算」である。多くの教科書では $\vec{a} = (a_1, a_2)$，$\vec{b} = (b_1, b_2)$ に対して $\vec{a} \cdot \vec{b} = |\vec{a}||\vec{b}| \cos \theta$ と定義され，余弦定理から $\vec{a} \cdot \vec{b} = a_1 b_1 + a_2 b_2$ が導かれる。このように定義される内積について，有向線分の射影によって意味付けを行うなどの工夫も考えられるが，高校数学の内積の役割を考える上ではこれらの2つの式が同値であることが重要である。すなわち，2つの式を場面に応じて使い分けることで，ある図形に対する余弦定理の適用をベクトルの絶対値や成分計算によって簡潔に行うことできる，という役割があげられる。

　その一方，現代の数学における内積の役割は，図形への適用による計算・処理の簡潔化にとどまらない。線形空間において，内積は「ある性質（公理）を満たす二項演算」として定義されるが，高校数学とは対照的にその定義に "$\cos \theta$" が用いられることはない。なぜなら，線形空間に内積を定義することによって初めてその空間内での「長さ」や「角度」が定められるからである（齋藤，1996 などを参照）。素朴には，長さや角度の測り方があらかじめ定められた空間に内積を導入する，と考えるのが自然であるかもしれないが，数学においては「何をもって長さや角度を測ったとするのか」という根本を定義するために内積を利用しているのである。このように，現代の数学において内積は基礎的な概念としての役割をもっている。

3．固有ベクトルの役割

　固有ベクトルは，線形空間とその上に定められた線形変換に関連する概念である。より正確には，ある線形空間上の線形変換 T に対して，$T(x) = \lambda x$ となる数（スカラー）λ が存在するような零ベクトルでない x を，T の固有ベクトルといい，また，λ を T の固有値という。線形空間は抽象的に定義されている一方でその応用範囲も広く，数学にとどまらずさまざまな学問領域で用いられている。その中でも，固有ベクトルは特に利用される場面が多い

概念であり，そのような場面の典型例として行列の対角化があげられる。線形変換は正方行列によって表現することができ，その変換を繰り返し行うという操作は行列の累乗の計算に対応する。一般に行列の累乗計算は容易ではなく，対角行列に変形してから計算をする必要があるが，この対角化のために用いられるのがその行列（線形変換）の固有値・固有ベクトルである。

　例えば，隣接三項間漸化式 $a_{n+2}=pa_{n+1}+qa_n$ に対して，特性方程式 $a^2=pa+q$ の解を用いて等比数列に帰着させて解く方法がある。実は，ここで特性方程式と呼ばれているものは，行列の固有値を求めるための方程式（固有方程式とも呼ばれる）を指している。詳細は齋藤（1966）など他所に譲るが，漸化式を満たす数列は線形空間をなし，数列の項を1つ前にずらす変換は線形変換を定める。上の特性方程式は，このずらし変換を表す行列の固有値を求めるための方程式と一致するものであり，等比数列に帰着させる方法は，固有値・固有ベクトルを用いて行列を対角化し，累乗計算によって一般項を求める過程に対応しているのである。ここでは，高校数学でも触れられる漸化式の解法が線形代数における固有値問題の1つの応用であることを示したが，上記のようにその応用範囲は広く，固有ベクトルはさまざまな領域で重要な役割を果たしている。

参考文献

齋藤正彦（1966）『線型代数入門』東京大学出版会.

（袴田綾斗）

第8章

数学科教師の職能成長

Q 55 よい数学科教師像の変遷をまとめなさい

1．教育史からみたよい教師像の変遷

　よい教師の在り方について，古くはソクラテスの問答法にもその特徴を見出すことができる。ソクラテスは，問答法によって相手の考えの不十分さや，誤りに気づかせたとされており，自分が知識を伝達するのではなく相手が知恵を生み出すことを助けたと言われている。今日の授業で言えば，発問を中心にした指導を行う教師と言えよう。

　しかしその後の教授学では，学習内容を子どもたちに覚え込ませようとする伝達注入主義の指導が広く行われていた。それに対してコメニウスは，人間に人間としての可能性を自覚させることを目指し，子どもと教材のかかわり方や，一斉指導や学級での学習を成立させる教師の技術を明らかにしようとした。そしてルソーやペスタロッチ，フレーベルなどは，大人とは異なる存在としての子どもに着目し，「子どもから」の教育論を展開した。前近代の伝達注入主義の教育ではなく，子どもの内なるものの発展を目指し，できるだけ外からの人為的な働きかけを排除し，子どもの自発性を重んじた。その流れを汲んで，19世紀末から20世紀初頭にかけて，児童中心主義の新教育運動が世界的に広がっていった。その当時の各国では，政治・経済・軍事等での国家間競争が激化した時代に対応する新しい指導者の育成が課題であった。その際には，教師中心主義や教科書中心主義といったこれまでの教育ではなく，児童中心の教育へ転換を図る必要があり，新教育運動と呼ばれる動きとなった。日本では，大正自由教育運動と呼ばれ，子どもの個性，自発性や興味・関心などを重視する児童中心の内容と方法がとられた。しかし，学力低下や科学的な知識の系統的指導の軽視，教師の指導の軽視等の批判があり，学問中心の系統学習へと移行していった。その後の教育の現代化運動を経て，ゆとり教育，生きる力の育成へと進んでいった。

2．今求められている教師とは

　20世紀末には，ドナルド・ショーン（1983）が提案した「反省的実践家」という概念に基づいて，教職の専門職化が目指された。これは，近代主義的な「技術的熟達者」としての教師からの脱却だと言える（佐藤，2016）。技術的熟達者とは，目標を設定し，教育の過程を効率的に統制し，教育結果を客観的に測定し，その生産性を上げることを目指す教師である。一方，反省的実践家である教師の特徴は，実践経験の省察を専門家としての教師の学びの中核に位置づけている。反省的実践家としての教師という概念の基底には，どの教室にも普遍妥当な「科学的な技術」を適用するのではなく，個々の教室，教師，子どもや，教材に対応した実践を「状況との対話」を通じて省察し，その省察において理論と実践の統合をはかる実践的認識論が位置づいている（佐藤，2016, p.5）。

　そして現在，わが国では教師が子どもたちに何を教えたかではなく，子どもたちは何ができるようになったか，つまり「教授から学習へのパラダイム転換」が叫ばれ，新しい学習指導要領に基づいた授業実践がなされている。そこでの教師には，子どもたちにいかにたくさんの知識を教えられるかではなく，子どもたちの主体的な学習を促進するファシリテーターとしての力量が求められるようになった。

3．自らの授業から学ぶ数学科教師

　このような時代の変化の中で，反省的実践家として実践研究やその論文化を行っている数学科教師の特徴について述べよう（加藤・松島・高橋，2020）。

　自らの授業から学ぶ教師は，日々の授業を通して自らの授業力を向上させており，その授業力には次の2側面がある。第1は「授業中に拾える，もしくは聞こえる子どもの声の幅を広げる力」や「子どもの未完，未熟な考えを価値づける力」であり，第2は若手教師や自分の同僚の教師に助言ができる力である。さらにこのような教師は，授業研究の結果を校内の研究紀要や学会誌への投稿論文としてまとめる活動にも取り組んでいる。その目的は自分の授業の質の向上だけでなく，数学教育学の学問としての蓄積に貢献するた

めでもあると考えている。では，具体的に授業研究の結果をどのようにまとめているのだろうか。ほとんどの教師は，自分の授業をビデオカメラで記録し，それを文字化した授業記録を作成している。そして，授業記録を用いて教師や子どもたちとの相互作用を分析したり，特定の反応が生じた要因を分析したりしている。その際，得られた知見の新規性を考察することも大切にしている。彼らは，関連する先行研究や実践をレビューし，問題意識をもって授業に臨んでいることが多く，授業中は事前に設定した問題意識に照らしながら，子どもの反応に応じた授業展開を行っている。

　では，優れた実践を公表することでどんなよさがあると考えているのだろうか。何名かは，自分自身が変わるというよりも，その実践を用いて，後進が授業を変えていくことに価値を見出していた。また，その授業を再現できなくても現場の教師の指針になったり，モチベーション向上につながったりするとも考えている。さらに，「優れた」実践とはどのようなものだと考えているのだろうか。たとえば，主体的で対話的な学習であるとともに，問題解決過程を経て子どもたちが算数・数学的に価値のある何かを生み出していくような実践であるという意見や，授業を参観したり資料を見たりした他の教師が，「これをしてみたい」と思えるようなものという意見もあった。

　このように，よい数学科教師には理論と実践を往還・統合するとともに，理論をうみ出す力が求められる。ここで言う理論とは，自分の授業実践を分析・評価する視点であり，授業の枠組みを指す。このような力量を身につけるための教師の成長過程と成長を促す動機については，Q56とQ57で考えていこう。

参考文献・URL

Donald A. Schön（1983），*The reflective practitioner : how professionals think in action*, New York: Basic Books.

加藤久恵・高橋丈夫・松島充（2020）「算数・数学の授業研究の結果をどう理解していくか」日本数学教育学会『第8回春期大会論文集』.

佐藤学（2016）「序章学びの専門家としての教師」佐藤学ほか編「岩波講座教育変革への展望4 ── 学びの専門家としての教師』岩波書店.

（加藤久恵）

Q 56　数学科教師の長期的な成長過程を述べなさい

Q53で述べたように，近年の教師に求められる特徴は，反省的実践家としての力であり，理論と実践を往還・統合し，授業の枠組みをうみ出すことができる教師である。これらの点から，数学科教師の長期的な成長過程を考えると，以下の3段階が指摘できる。なお，これらの段階は教職年数と必ずしも一致するものではなく，Q57で述べる成長を促す動機等の影響を受け，進んでいくものである。

1．段階①　子ども実態に応じた授業づくりの段階

まず，初任期の教師の課題を脱却し，子どもの視点を持つことによって，授業づくりを行う段階である。初任期の教師の子ども観は，年度当初「理想的子ども観」と「現実的子ども観」のギャップに悩むが，段階①の教師は，授業成立のための指導技術を獲得するのにともなって，「現実をふまえた理想的子ども観」の構築を進めていく（吉崎，1996，pp.162-173）。その際，教師には，子どもを観察するとともに子どもの視点に立って自らの授業実践を省察する力が求められる。加えて，子どもなりの考えが授業で表出されることを歓迎し，それを授業に反映できる力が必要である。特に数学科の授業では，生徒の記述や発言の正誤に着目しがちであるが，その背後にある生徒の数学的な見方・考え方を見取ることが重要である。そして，生徒の数学的な見方・考え方と本時のめあてとのかかわりを考え，授業展開を臨機応変に変更していくことが必要である。

初任期の教師の授業設計は，教科書の指導書に依存しながらの1単位時間の授業づくりに留まっており，単元全体を見通した授業づくりは難しい。さらに，子どもの反応を予想することにも難しさを感じている。しかし段階①の教師は，学級の子どもの実態が把握できるようになるにつれ，子どもの反応が少しずつ予想でき，単元を見通した授業づくりもできるようになる（吉

崎，1996，pp.162-173）。それは，子どもの理解状況に気付いたり，研究授業などの経験によって，子どもの実態を踏まえてじっくり授業づくりに取り組めたりすることが寄与しているといえる。授業実施については，「ひたすら計画したとおりに授業を進める」段階から，「子どもの反応によっては，授業計画を変更することもある」段階を経て，「教師はなるべく前面に出ないような授業をあえて試みようとする」段階へと進む。

　このような段階①の教師は，子どもの視点に立って授業を計画・実施・反省することができるとともに，子どもの反応に応じて授業計画を変更することができる。しかし，あくまで個々の事例に対応している段階であり，それらの事例を分析し価値づける理論を持っていない。つまり，自分自身の授業実践から，現実の子どもの特徴，子どもの反応の予想，単元を見通した授業づくりなどができるが，目の前のその授業を改善している段階であり，授業づくりを分析・評価する視点を身に付けることはできていない段階である。

２．段階②　理論と実践を往還・統合する段階

　この段階の教師は，ひとり立ちして，授業設計・実施・評価や学級経営をする力量を備えた教師である。彼らは，単なる「授業の成立」の問題から，授業における集団と個の関係や，子どもの興味・関心を喚起する指導・支援のあり方，特定の学習内容の理解を深める指導といった「授業の質」の問題へ意識が移ってくる。したがって，この段階の教師が目指す課題は「学級の子どもの実態を考慮した」「子どもの個人差に対応するための」「学習内容に応じて理解を促す」授業づくりや，「子どもの参加意欲を高める」ための指導法の工夫などのように，授業の力量の幅を広げ，質の向上をはかるものになる（吉崎，1996，pp.171-173）。

　このような課題をもった教師は，具体的な数学科の授業づくりに際して，十分な教材研究を行うことができる。具体的な教材研究を行うために，教科書比較を行い，指導書や研究論文を読む。わが国では教科書やその指導書が学校現場で広く利用されているが，「教科書を教える」のではなく「教科書で教える」という言葉があるように，教科書をもとにしてどのような教材研

究や授業を実施するかは，教師の力量に委ねられている。我が国の数学科の教科書は複数の会社から出版されており，同じ学習内容であっても異なる問題場面や数値が用いられていることが多い。それらには，数学教育の研究成果やそれぞれの教科書における著者の教材解釈等が反映されている。したがって，複数の教科書を比較・検討することで，学習内容の本質を考える教材研究に取り組むことができる。その様な教材研究を通して，教科書に内在する数学教育の研究成果を見出すことができる。また，指導書には「擬変数」「ミスコンセプション」などといった数学教育における指導用語や研究成果が記載されており，学習内容の特徴や子どもの理解状況を検討し，授業を分析・評価する際の視点となる。さらに，教材研究や授業研究会では，同僚の教師や指導主事・大学教員等と，それぞれの教材研究の成果や授業を分析・評価する視点を提示し合い，議論することができる。

　これらはいずれも，数学教育学の研究成果や実践研究の成果に，教師が出会い，それらを用いて授業づくりを行うことができる機会であると言える。つまり，教材研究と授業実践を通して，教師が理論と出会い，その理論をもとに再び授業実践を行うのである。これが，理論と実践を往還することとなる。

　その際に大切なことは，個々の授業について検討するだけではなく，複数の授業実践を俯瞰して理論的検討を行うことである。「図形の学習指導」や「小中接続期の学習指導」，「文字の理解における子どものつまずき」など，複数の授業や単元構成，ある特徴をもった子どもたちに目を向けることが重要である。これが，理論と実践を統合する視点となる。

3．段階③　数学科授業の枠組みをうみ出す段階

　段階③の教師は，段階②を経てより深い教材研究や授業づくりを目指し，地域の研究会での実践研究の報告や，大学院での研究など，多様な研修の場へ発表者として参加し，理論をうみ出す教師である。ここでは，教職大学院での現職教師の研究過程をもとに述べる。

　大学院での研究は，これまでの理論と実践の往還・統合を経て，それぞれ

の教師が持っている研究課題を明確化し解決する過程であり，教師自身が新たな理論をうみ出す活動である。ここで言う理論とは，数学科授業の枠組みを指す。それは，個々の数学科授業の指導案ではなく，より一般的な授業づくりの指針である。そこには，授業を通して生徒につけたい力，そのための指導の方針や具体的な手立てを含んでいる。教師は，自分の問題意識をもとに，これまでの授業実践を振り返り，先行研究や実践報告を読み，授業実践を計画・実施することを通して授業の枠組みを作成・改良するとともに，その成果を報告書としてまとめるのである。

　その際に，大学教員や他の現職教員とどのような関係を築いて研究を進めていくかも重要である。先行研究の成果や大学教員の意見を鵜呑みにするのではなく，自身の教職経験とともに，子どもの実態を丁寧に分析・考察し，生徒たちが自分の内に構成している数学の姿を推測しながら授業の枠組みを構築する必要がある。その際には，教師が他者と対等な立場で共に授業について語り合う雰囲気が必要であろう。

参考文献

吉崎静夫（1998）「11章　一人立ちへの道筋」浅田匡・生田孝至・藤岡完治
　　　『成長する教師 ── 教師学への誘い』金子書房.

（加藤久恵）

Q 57　数学科教師の成長を促す動機をあげなさい

　数学科教師の仕事はやりがいがあるが，難しさもある。数学に対して苦手
意識を持つ子どももいるし，子どもたちの学力差もある。教師は，教材研究
や授業計画・準備，子どもの学習の評価など，非常に多くのことをしなければ
ならない。また，教師の仕事は教科指導だけではない。子どもの状況を見と
り成長を促すために，保護者，地域の人々と連携しながら，様々な教育活動
を行う必要もある。そのよう数学教師の成長の動機づけについて，ここでは
まず，心理学から見た教師の動機づけ研究について述べた後で，Q56「数学
科教師の長期的な成長過程」に即して，成長を促す動機について考えていく。

1．心理学から見た教師の動機づけ

　教師の教職への動機づけにかかわる先行研究を概観すると，教職そのもの
への満足度や，学校のなかで責任を担っているという自律性や自主性の感覚
が教師のやる気に重要な影響を与えると同時に，給料のような外的な要因は
やる気の低下を抑える機能は果たしても，やる気を高める原因にはならない
という指摘がある（鹿毛，1998）。そのような知見に加えて，近年「技術的
熟達者としての教師」から脱却し「反省的実践者としての教師」を目指す教
師の姿を考慮すると，前者は教師の仕事を「目標達成」の営みとして捉え，
教育目標という結果を達成したり，そのための技術を習得することの喜び
が，教師のやる気の中核になる。その一方，「反省的実践家としての教師」
の仕事は，教えつつ学んでいく教育実践の過程であり，それは教師にとって
困難ではあるが，その過程にこそ教師という仕事のやりがいの本質があると
いえる（鹿毛，1998）。このような教師の仕事は，明確な過程や答えがない
苦しさがあるが，その時その子どもたちとの学びを経験する楽しさがある。
これは，構成主義的な学習観に立った数学科授業で目指す学習過程（子ども
は明確な解き方や答えを教えてもらうのではなく，自ら数学の学習内容や他

者と相互作用しながら学ぶこと）と類似した学びを，教師もまた数学科の授業づくりで実践していくことに他ならない。そのような学習の楽しさこそ，教師の成長を促す動機となる。

2. 子どもが思ったような反応をしないとき

　初任期の教師が，Q56にある段階①に至るためには，自分が思っている子どもの実態と目の前の子どもの実態とのギャップに気付く機会が必要である。授業後の子どもの学習感想等を実施することで，子どもの理解状況に気付けることもあるだろう。教師がよかれと思って提示した問題に対して，子どもから「つまらない」と言われることもあるかもしれない。また，研究授業に向けて子どもの実態把握をするためのアンケートやテストで思いもしない結果が出たり，授業研究会で他の教師から子どもの状態を指摘されたりすることもある。

　これらの気づきや他者からの指摘を真摯に受け止め，自分の授業づくりに生かそうとする姿勢があって初めて，段階①に至るきっかけとなる。その際には，子どもを観察する力は必要不可欠であるが，観察する方法を学ぶこともまた非常に難しい。そこでまず，子どもの考えや反応が表出されるのを教師が「待つ」ことが必要である。教師は誰でも「子どもの視点に立った授業づくり」を目指しているであろう。しかし，本当に目の前の子どもたちの実態を捉えられているのかは，簡単に確認できることではない。生徒の考えていることを推察するためには，生徒の記述や発言を捉えるだけでなく，事前の教材研究も必要不可欠である。そのことを自覚できるチャンスは，非常に貴重である。

3. 異なる授業に出会ったとき

　段階①に至った教師は，目の前の子どもたちの実態に応じた数学の授業ができていると感じている。ところが，「自分の授業は本当にこれでいいのか？」「よい数学の授業とは何か？」「自分の授業はよい授業と言えるのか？」と自らに問いかけることがある。これは，授業を分析・考察する視点を求め

る問いであり，Q56にある段階②への入り口となる。それらの問いに応える
ためには，自身の教育活動や授業づくりを分析・評価するためには，何らか
の理論が必要となるのである。

　そのような問いを持ち，理論を求めるきっかけは，自分の授業とは異な
る授業実践に出会ったり，自分が求める授業実践に出会ったりするときであ
る。他者から，自分の授業に対して酷評されることもきっかけとなるだろう
が，自分の想像もしない授業展開や子どもの姿をみたときの衝撃ははかりし
れない。日々の忙しさに追われて，自分の授業と校務をこなすだけでは，そ
のような機会はなかなか得られない。様々な機会を利用して，他の教師の授
業を積極的に参観すること，他の教師と数学科の教材研究や授業づくりにつ
いて話し合う機会を持つことが重要である。

4．自分の教育観を語れないことに気づいたとき

　段階②から③への移行のきっかけは，自分の授業実践を語る言葉が不十分
だと感じる場面である。自分の授業の特徴が他者の授業と異なると考えてい
るものの，その違いは何なのか，目に見えている教師の行為だけではなく，
その背後にある何がどう違うのかを明確に語ることは難しい。そこで段階③
は，他者の研究成果を活用するだけでなく，自分なりの授業の枠組みを構築
したいと思う段階である。そのきっかけは，自分の経験を語る自分の言葉や
枠組みがないことに気付くことであろう。自分がやってきた実践研究が他の
実践研究とは異なることや，オリジナリティーがあることを主張するために
は，自分の実践研究の特徴を俯瞰し整理するとともに，他の先行研究を理解
し，それらの関係を明確にする必要がある。

　そのために，地域の研究会で実践研究の報告を行っている教師に指導を受
けたり，大学院へ進学したりすることも有効である。そこでは，同じ思いを
持って学ぶ教師がおり，これまで知らなかった理論や実践研究に出会うこと
となり，さらなる研究意欲が湧いてくるであろう。その際に留意すべき点
は，直観的に「うまくいった授業」や「失敗した授業」を分析・評価し，理
論と実践の往還が重要なのであって，単にたくさんの授業を見れば良いとい

うことではないということである。子どものどんな力を育てるのか，そのためにどのような授業が可能なのかといった「数学科授業の枠組み」をつくることが目的なのである。

　以上のように，それぞれの段階の移行は，教職年数を経ることによって達成できるものでもないし，より良い授業をしたいという思いだけで達成できるものでもない。教材をみる目，子どもをみる目，他者との交流，理論と実践の往還・統合など，周りに広く目を向けて，開かれた心で授業づくりに取り組む姿勢が重要である。

参考文献
鹿毛雅治（1998）「19章教師のやる気を支えるもの」浅田匡・生田孝至・藤岡完治『成長する教師 ― 教師学への誘い』金子書房.

（加藤久恵）

Q 58　数学科教師の成長のための授業研究のあり方について述べなさい

　授業研究の目的は多様である。例えば，授業者自身や学校全体の研修という目的，教育研究やカリキュラム開発という目的などがあげられる。これらの目的は互いに親和的なので，1つの授業研究が複数の役割を担うことも多い。むしろ，授業研究の役割はそもそも多重であるとさえ言える。

1．授業研究の大まかな流れ

　大まかに言って，授業研究は，研究の目的や研究の主題を設定した後，「研究」→「計画」→「実施」→「反省」という4段階で進展する。まず「研究」段階では，目的や主題に沿った教材研究，教材開発，学習目標の検討などを行い，「計画」段階では，授業で扱う課題や授業全体を設計する。場合によっては，「研究」と「計画」の段階を行ったり来たりしながら，実施前に授業計画を最善なものに仕上げる。次いで「実施」段階では，計画された授業を実際に行う。そして，「反省」段階では，実施した授業を振り返り，次の授業に活きるアイディアを生み出す。この4段階が一巡したら，次の新しい授業のための「研究」段階へと戻る。この4段階は循環の過程を表しており，授業研究は，この循環を繰り返すことで累積的に発展する。

　しばしば見過ごされがちであるが，授業研究の要は「計画」段階における課題設計（タスク・デザイン）である。課題設計では，授業者がどんな数学的課題をどんな風に提示すれば，生徒達がどんな風に思考し得るか，また，教師のどんな介入を経て教室全体でどんな学びが生じ得るかを予想する。同じ課題でも，提示や介入の仕方が異なるだけで，異なる学びに繋がり得る。実際の授業では，検討した組み合わせの中で最善と思われるものを採用する。

　課題設計は，端的に言って仮説形成である。授業研究に関わる者のもつ経験や知識が乏しい間は，漠然としか生徒の反応を予想することができないであろう。しかし，経験や知識が増えるに連れ，単なる予想以上の，相応の根

拠を有する仮説が立てられるようになる。ただし，実際の授業がすべて事前の想定通りに進むとは限らない。むしろ，そうならないのが普通である。その意味で，「実施」段階とは，仮説検証の場である。

「反省」段階では，「実施」の結果とその要因を精緻に分析することが重要である。事前の想定通りでなかった部分があれば，それが「研究」，「計画」，「実施」のどの段階に起因しているかを特定し，次の授業を計画する際に有益な教訓を引き出すとよい。想定通りでなかったとしても，そのことがかえって価値ある学びを生み出している場合もあるので，想定通りでないことが悪いこととは限らない点にも注意した分析を心掛けたい。また，想定通りだった部分は，授業者以外の教師が同じ指導案で同じ結果を再現するために注意すべき点を検討すると生産的であろう。もちろん，想定通りであったとしても，授業後にもっとよい授業があり得たのではないかという感触を得ることも少なくない。先入観に囚われない多面的な分析が重要である。

多面的な分析ができるよう，「反省」段階は，多くは協議会の形式を取る。協議会において授業者には，他の参加者からの厳しい批判や異なる価値観に基づく助言も，積極的に成長の糧にしようという向上心が求められる。また，他の参加者には，厳しい批判にさらされ得る授業者の不安感に寄り添い，授業者がどんな授業をしたかったのかについて理解を示しながらも，その協議会をより生産的な場とし，生徒達によりよい学びを提供できるように，大事なことは厳しいこともきちんと発言するという誠実さが求められる。

２．授業研究の役割の多重性と数学科教師に求められる姿勢

上述した流れを踏まえれば，授業研究の役割の多重性は自明である。授業研究は，教育学的仮説の形成と検証の繰り返しという科学的営みであり，教育研究としての役割を持つ。これによって得られた知見は，他者と共有することが可能になり，さらなる批判と検証に晒（さら）されることで，より豊かになっていく。また，個々の教師にとって授業研究は，教師の手立てと生徒達の学びの関係性について理解を深める機会であり，研修としての役割を持つ。そして，授業研究を通じて得た知見は，学校内外のカリキュラム開発にとって

有益である。授業研究には，これらの役割を常に同時に期待できる。

　そういう意味で，個々の授業研究がその主目的として「数学科教師の成長」を掲げるかどうかにかかわらず，まずもって数学科教師にとって重要なことは，どんな授業研究からも学ぶことがたくさんあるはずだと考える謙虚な姿勢である。そして，数学科教師としてよりよく成長のために，授業研究のすべての参加者が意識すべき観点が，少なくとも，さらに3つある。

　第一に，数学である。教える内容に合わせて教育的手立てを工夫することが重要である「この数学の内容だから，この手立てを選んだのだ」と言えるような「研究」・「計画」の段階にしたい。

　第二に，生徒である。上で述べたように，授業研究は科学である。実際の生徒の反応がデータである。少数事例による検証であるため，得られた知見を安易に一般化することはできないが，それでも，机上の空論にならないよう，具体に即して丁寧にその授業の効果を確認していく必要がある．その際，もし授業が上手くいかなかったとしても，その要因を生徒のせいにするのではなく，授業の準備や手立てに改善点を見出したい。たとえ授業が上手くいったとしても，それは生徒に助けられただけかもしれないと考えて，授業の準備や手立てにさらなる改善点を見出したい。「実施」段階では注意深い観察が，「反省」段階では個々の生徒の反応を大切にした議論が求められる。

　第三に，哲学である。数学科教師は，数学の知も，教育の知も，ともに愛する人でありたい。そうした数学科教師なら，授業研究とは，日々の授業を準備・実施する過程を，少し規模を大きくして協同的に行っているだけに過ぎないと理解できるであろう。私達は，常に成長する機会に開かれている。

参考文献

石井英真（2018）『授業改善8つのアクション』東洋館出版社.

Catherine Lewis（2016），How does lesson study improve mathematics instruction?,*ZDM*，48（4），571-580.

（上ヶ谷友佑）

Q 59 数学科教師の備えておくべき知識を概説しなさい

　数学科教師の備えておくべき知識は，極めて多岐に渡る。素朴には，数学と教育学を知っていればよいと思うかもしれないが，それをどのように知っているかが重要である。ここでは，実際にあった生徒からの問いに基づきながら，数学科教師だからこそ特に必要な知識について論じていこう。

1.「0のみ」の範囲での加減乗除

　中学校1年生においても，高校の「数学Ⅰ」においても，特定の数の範囲に対して四則計算が自由にできるかどうかを議論する内容が扱われる。教科書では，整数，有理数，実数といった，有名な数のまとまりでのみ数の範囲を考えているが，ある生徒は，次のように考えた。「0のみの範囲で加減乗除を行うとき，除法はできるのか？」数学科教師は，こうした問いを持つ生徒を，きちんとした理由を伴って褒めてやることができなければならない。

　この問いは，多様な問いに繋がっている。例えば，この問いは，自然数，整数，有理数，実数，複素数，四元数，…と代数的に数体系を拡張していく一連の流れの最初の起点である。この事実を押さえることなくして，「複素数なんて想像上の数ではないか」という多くの高校生が抱く疑問に答えてやることはできない。あるいは，この問いは，四則計算を自由にできることの判断において，「÷0」を除外するという例外の扱いと密接に関わる。例えば，「÷0」には不定と不能の2種類があること，「0のみ」の範囲を自明な群や自明な体と見なすならば，その範囲において除法を定義可能であることなど，多様な発展的考察が可能である。こうした数学的背景を知らなかったならば，生徒達の素朴な疑問の数学的価値を評価することはできない。

2. 人間の並び替え・玉の並び替え

　5人の人間を1列に並べる場合，その並べ方の総数は，$_5P_5 = 120$（通り）で

ある。5個の玉（赤玉3個，白玉2個）を1列に並べる場合，その並べ方の総数は，$_5C_3 = 10$（通り）である。同じ5つの物を並び替える問題でありながら，異なる結論が導かれる。ある生徒は考えた。「この違いは何か？」

　この問いに対して，例えば，「人間は一人ひとり区別できるが，玉は区別できない」という説明で納得のできる生徒もいるであろう。しかしながら，この説明によってもたらされる納得感は，数学的には不十分である。なぜなら，人間という語も玉という語も数学の用語ではないからである。人間は区別できるのに玉が区別できない数学的理由は存在しない。いかに人工物といえど，赤玉も，塗装の状態や素材の質感などは1つずつ異なる可能性があり，よく見れば区別できるかもしれない。逆に人間についても，五つ子を並べる場合を考えるのであれば容易には区別できない。区別できるかどうかは，人間の認知能力の問題であって，数学の問題として答えることは不可能なのである。

　この問題を数学において議論するとすれば，対象の同値関係をどのように定義するかという数学的モデル化の問題である。例えば，白米3日分，パン2日分を並び替えて平日5日分の朝食を決める場合を考えよう。2日分のパンとして用意したあんパンとジャムパンが異なるパンであると思うか，あくまでも同じパンであると思うかは，並び替えたいと思った最初の動機に基づいて自由に決めてよい。人間同士・玉同士の区別の問題も，数学的にはこれと同じ構造の，人間の裁量の問題なのである。

　そういう意味で，「人間は区別できるが，玉は区別できない」という説明に納得できない生徒がいたとすれば，数学的にはむしろその方が鋭い。数学科教師には，そうした生徒をきちんと評価し，導いていく力が求められる。

3．教育現場において大学レベルで数学的に考える資質・能力

　数学の授業は，生徒達が定期試験や大学入試で数学を活用できるという矮小な目標の下で実施されるものではない。生徒達が，広く社会に出てからも数学的に考える資質・能力を発揮できることを目標に，実施される。それゆえ，生徒達への期待と同じことが，数学科教師にも求められると言ってよいであろう。すなわち，数学科教師には，の内容に対して教育現場という社会

に出てからも，大学レベルで数学的に考える資質・能力を発揮できることが期待される。実際，こうした資質・能力に乏しければ，教科書の内容がどういう理由で配列されているのかや，校種間で算数・数学科がどういう系統性を持って指導されているのかということを理解することはできないであろう。また，高校生と同程度の数学的思考力では，自分よりも高い潜在能力を秘めた生徒の指導が覚束ない。それどころか，その生徒が自分よりも高い潜在能力を秘めているということ自体，気づくことができないであろう。数学の苦手な生徒が拙い表現で一生懸命伝えようとした数学的に価値ある内容を汲み取ってやることもできないであろう。実施された試験の数値で生徒を評価するのなら，誰でもできる。数学科教師は，数値だけでは見えない生徒達の今を分析し，効果的に彼らの力を伸ばさなければならない。

　とは言え，大学数学と学校数学を結び付けて考えることは，決して容易ではない。それは，教育の現象を数学の知によって分析する力である。そうした思考力は，一朝一夕で身につくものではなく，教師として働き始めてからも，常に研鑽し続けるものである。しかし，そうした研鑽をより実りあるものにするために，今すぐ意識すべきことが1つある。それは，数学の奥深さに対する誠実さである。自分の知っている数学がすべてだと思わないことである。生徒の些細なミスが，結果的には確かにミスであったとしても，実は新しい数学の発見の始まりかもしれない。そうした誠実さは生徒に対する誠実さでもあり，数学の知と教育の知を結び付ける最初の一歩となる。

参考文献

太刀川祥平 (2015)「数学科教師に必要な教科内容知 (SMK) の考察と教員養成からみたその具体例」『数学教育学論究臨時増刊』97, 121-128.

Deborah Loewenberg Ballet al. (2008), Content Knowledge for Teaching What Makes It Special?, *Journal of Teacher Education*, 59 (5), 389-407.

（上ヶ谷友佑）

Q 60　数学科教師の身に付けておくべき技能を概説しなさい

　数学科教師が身に付けておくべき技能も多岐に渡る。黒板に文字や図を美しくかくことや，コンピュータを活用して生徒に動的な数学を見せることも重要な技能ではあるが，以下では，数学の授業を構成する際に重要な5つのコミュニケーション能力に焦点化して詳述しよう。

1．問う

　教師は，実際には答えを知っているにもかかわらず，わざと生徒に問う。それが発問である。一般に，よく練られた発問には，生徒の思考を揺さぶり，活性化する効果が期待される。しかし，だからこそ，問い方に工夫が必要である。微妙な問い方の違いが，生徒の思考の範囲を変化させる。

　例えば，$1+2+3=6, 4+5+6=15, (-7)+(-8)+(-9)=-24$という3つの式を見せた後に，「連続する3つの整数の和に何かきまりがありますか？」と問うのと，「どんな数ならどんな方法で連続する3つの整数の和で表せますか？」と問うのとでは，得られる反応が違うであろう。いずれの場合においても，教師は，生徒達が「連続する3整数の和が中央の数の3倍になる」という性質に気付くことを期待するかもしれないが，前者の問い方だと，生徒の側から見れば，「連続する3整数の和は3の倍数である」もあり得る解答である。つまり，「中央の数」であるという情報が落ちる。これは，数学的活動を経ていないせいで，表層的な共通点に目が行くためである。しかし，後者の問い方なら，数学的活動を経ることになり，事情が変化する。例えば，20を連続する3整数の和で表そうとすると，「$6+7+7$？」と微調整に失敗する。試行錯誤を繰り返す中で，3の倍数であれば，その数を3で割って中央の数を求めておいてから，あとは前後を微調整すればよいことが見えてくる。「中央の数」という情報は，教師からの発問によって引き起こされる数学的活動において，生徒が試行錯誤する中で「見えやすくなる」のである。

教師は，その先に生じる数学的活動を予想しながら，事前によく発問を検討しなければならない。教師の問いは，授業展開を制御する役割を果たすと同時に，数学を学ぶ際に抱く問いの模範を示す役割も果たしている。そういう意味で，この技能は，数学科ならではの技能である。

2．待つ

問うたからには，生徒が答えるのをじっくり待たなければならない。新米教師は，ベテラン教師と比較して発問後に待てない傾向にあるという指摘もある。とりわけ授業においては，生徒が考えたり活動したりする時間を十分に確保することが重要である。教師が焦って矢継ぎ早にヒントを並び立てることは，生徒の思考をかえって阻害する。最初の発問と後発のヒントとの関連性を考えることは，数学が苦手な生徒ほど難しいとさえ言える。

3．聴く

待ったあとは，生徒の言葉一つひとつに耳を傾けなければならない。教師は，自分の期待を一旦脇に置き，生徒が考え出した答えと誠実に向き合わなければならない。それが結果的に誤りを導く思考過程であっても，他の生徒にとっては学ぶべきことが多いかもしれない。間違えた生徒自身も，自分の考えを一旦表現することによって思考が整理され，正しい答えに辿り着きやすくなる。どの生徒も授業に参加した甲斐があったと思えるように，生徒の誤りを活かした授業構成を心掛けたい。

4．見る

「生徒の誤りを授業に活かす」というときにありがちな誤解は，特定の生徒の誤りに基づいて授業を展開してしまうことである。教師は，「間違いを恐れるな。一人の間違いが，みんなの学びになる」と言うかもしれない。これは事実であるし，そのように呼びかけ続けることは重要である。しかし，それで授業中に間違いを恐れなくなるほど，すべての生徒が前向きなわけではない。間違える当の本人からすれば，恥ずかしい思いをするのは自分だけ

であり，全体の利益のために自己犠牲を強いられている気持ちにもなる。

　この状況を回避する方法は，一度に多数の生徒が同時に誤る状況を作ることである。発問の後に机間支援し，同じ誤りが多いことを実際に見て，確認する。その上で，「みんな間違えやすいみたいだから，みんな気をつけよう」という展開にする。たまたま愚かな一人が誤ったことからではなく，みんなが誤りやすいことから学ぶ ── 生徒からそのように見えなければ，「誤りから学ぶ」というアプローチ自体，生徒達にとって説得的ではない。もちろん，限られた机間支援の時間中に，教室全体における誤りの傾向を見抜くのは容易ではない。教師は，発問内容の検討とセットで，机間支援で何を見るのか，そのポイントを事前にきちんと絞り込んでおかなければならない。

5．演じる

　教師は，ともすれば，正しい答えに繋がる誤りばかりを価値付けてしまいがちである。しかし，教師の意図とは無関係に「価値のあるものは価値がある」という態度を教師が見せなければ，生徒達は自分の考えを積極的に発言するようにはならない。想定外の生徒の反応に対しても価値を見出し，数学的な根拠を持って褒めてやれることが，数学科教師の真の力量である。時には，教育的効果をねらった「褒める」演技も，必要な技能であると言えよう。

6．数学を活発に探究するコミュニティの創出へ向けて

　数学科教師は，上であげた技能を活用して，生徒とのコミュニケーションを緻密に想定しながら，授業を構成する必要がある。もちろん，こうした技能は，一朝一夕では身につくものではない。教壇に立ってからも，生涯に渡って磨き続けるべき技能であるとさえ言える。生徒達が数学を活発に探究するコミュニティは，そうした努力を基礎として創出されるのである。

参考文献
ジーン・レイヴ，エティエンヌ・ウェンガー著（佐伯胖訳）（1993）『状況に埋め込まれた学習 ── 正統的周辺参加』産業図書.

（上ヶ谷友佑）

編著者・執筆者一覧

[編著者]

礒田正美：筑波大学人間系教授，博士（教育学），コンケン大学名誉博士（数学教育学）。

著書：『算数・数学教育における数学的活動による学習過程の構成』（共立出版，2015年），（編著）『曲線の事典：性質、歴史、作図法』（共立出版，2009年）。

影山和也：広島大学大学院准教授，博士（教育学）。

著書：（共著）日本教科教育学会編『教科とその本質』（教育出版，2020年）。（共著）『新しい算数教育の理論と実践』（ミネルヴァ書房，2021年）。

[執筆者]（50音順）

石橋一昴	（岡山大学助教）
伊藤伸也	（金沢大学准教授）
上ヶ谷友佑	（広島大学附属福山中・高等学校教諭）
小原　豊	（関東学院大学教授）
加藤久恵	（兵庫教育大学准教授）
岸本忠之	（富山大学教授）
小松孝太郎	（筑波大学准教授）
髙井吾朗	（愛知教育大学准教授）
高橋　等	（上越教育大学教授）
辻山洋介	（千葉大学准教授）
袴田綾斗	（高知大学講師）
早田　透	（鳴門教育大学講師）
松嵜昭雄	（埼玉大学准教授）
水谷尚人	（国立教育政策研究所教育課程調査官）
宮川　健	（早稲田大学教授）
渡邊慶子	（滋賀大学准教授）
和田信哉	（鹿児島大学准教授）

新・教職課程演習　第19巻
中等数学科教育

令和3年12月25日　第1刷発行

編著者　礒田正美 ©
　　　　影山和也 ©
発行者　小貫輝雄
発行所　協同出版株式会社
　　　　〒101-0054　東京都千代田区神田錦町2-5
　　　　　　　　電話　03-3295-1341（営業）　03-3295-6291（編集）
　　　　　　　　振替　00190-4-94061
印刷所　協同出版・POD工場

ISBN978-4-319-00360-0

新・教職課程演習

広島大学監事 野上智行 編集顧問
筑波大学人間系教授 清水美憲／広島大学大学院教授 小山正孝 監修
筑波大学人間系教授 浜田博文・井田仁康／広島大学名誉教授 深澤広明・広島大学大学院教授 棚橋健治 副監修

全 22 巻　A5 判

第 1 巻　**教育原理・教職原論**
筑波大学人間系准教授　平井悠介／広島大学大学院教授　曽余田浩史 編著

第 2 巻　**教育史**
岡山大学大学院教授　尾上雅信／広島大学大学院准教授　三時眞貴子 編著　岡山大学大学院教授　梶井一暁 編集補佐

第 3 巻　**教育方法と技術・教育課程**
筑波大学人間系教授　樋口直宏／広島大学大学院准教授　吉田成章 編著

第 4 巻　**教育法規・教育制度・教育経営**
筑波大学人間系教授　藤井穂高／広島大学大学院准教授　滝沢 潤 編著

第 5 巻　**教育心理学**
筑波大学人間系准教授　外山美樹／広島大学大学院教授　湯澤正通 編著

第 6 巻　**特別支援教育**
筑波大学人間系准教授　米田宏樹／広島大学大学院教授　川合紀宗 編著

第 7 巻　**道徳教育**
筑波大学人間系准教授　田中マリア／広島大学大学院准教授　杉田浩崇 編著

第 8 巻　**特別活動・生徒指導・キャリア教育**
筑波大学人間系教授　藤田晃之／広島大学大学院教授　森田愛子 編著

第 9 巻　**教育相談**
筑波大学人間系准教授　飯田順子／広島大学大学院教授　石田 弓 編著

第 10 巻　**初等国語科教育**
筑波大学人間系准教授　長田友紀／広島大学大学院教授　山元隆春 編著

第 11 巻　**初等社会科教育**
筑波大学人間系教授　唐木清志／広島大学大学院准教授　永田忠道 編著

協同出版